CHIARA LUBICH

IN SEINER GEGENWART:
GEBET UND LEBEN

Chiara Lubich

IN SEINER GEGENWART:
GEBET UND LEBEN

Herausgegeben von
Stefan Liesenfeld

VERLAG NEUE STADT
MÜNCHEN · ZÜRICH · WIEN

Klimaneutral gedruckt. Weil jeder Beitrag zählt.

2022, 1. Auflage
© Alle Rechte der deutschsprachigen Ausgabe
bei Verlag Neue Stadt GmbH, München
Umschlaggestaltung und Satz: Neue-Stadt-Grafik
Druck: cpi – Clausen & Bosse, Leck
ISBN 978-3-7346-1313-5

www.neuestadt.com

Inhalt

Zur Einführung

Ein ganz besonderer Zauber liegt auf dem, was Chiara Lubich (1920–2008), vielen bekannt als spirituelle Impulsgeberin und Gründerin der Fokolar-Bewegung, *über das Gebet und die Beziehung zu Gott* geschrieben und gesagt hat: In ihrer Emotionalität, in ihrer Innigkeit, aber auch in ihrer Kraft sind es bewegende Schriften und Zeugnisse. Aus der Perspektive der „Beziehung zu Gott" auf Chiara Lubichs Vermächtnis zu blicken, kann auch so manchen altbekannten Text neu zum Leuchten bringen – vielleicht, weil hier an den Ur-Impuls angeknüpft wird, der sie zeit ihres Lebens beseelt hat: der Wunsch, Gott, die Liebe, zu ihrem „Ideal" zu machen, ganz für ihn zu leben.

Es gibt eine ganze Reihe von Publikationen mit Titeln oder Untertiteln wie *Das Gebet bei ...* oder *Beten mit ... Franz von Assisi, Teresa von Avila, Johannes vom Kreuz, Madeleine Delbrêl ...* Beten ist etwas ganz

Persönliches: Eine jede, ein jeder betet auf eigene Weise. Übrigens, wie überraschende Umfragen zeigen, auch Menschen, die nicht an Gott glauben! Beten scheint ein Grundbedürfnis zu sein.

Beten realisiert, aktualisiert unser wesenhaftes In-Beziehung-Sein zu Gott, zum Schöpfer, wie Chiara Lubich immer wieder herausstellt: Wir sind Gottes „Du", sein „Gegenüber". Als Einzelne wie als Gemeinschaft(en): Kultur- und religionenübergreifend gibt es gemeinsames Beten; im Christentum sind Gottesdienste von fundamentaler Bedeutung: „*Wir* kommen zu dir ..."; gemeinsam beten wir „Vater unser ..."

Beten ist somit nicht *nur* etwas Persönliches – und kann es nicht sein. Wir Menschen sind Beziehungswesen: Am Du werden wir zum „Ich". Es gibt uns nicht ohne die anderen. Was wir sind und denken und tun, steht in Wechselbeziehung mit anderen, verdankt sich anderen, ist geprägt von anderen und wirkt sich wiederum auf sie aus. So ist es auch beim Beten, selbst beim Beten „im stillsten Kämmerlein".

Die Verbindung von Persönlichem und der Gemeinschaft ist im Denken und Werk von Chiara Lubich fundamental. So sagte sie: „Sicher ist das Gebet grundsätzlich etwas Persönliches. Doch wir würden – besonders als Christen – irren, es darauf zu beschränken; denn im Mystischen Leib Christi sind wir alle miteinander verbunden. Der Vergleich mit den kommunizierenden Röhren kann dieses Geheimnis vielleicht ein wenig erhellen: Wenn man in eine Röhre Wasser gießt, steigt das Wasser in allen Röhren. Ähnlich ist es beim Beten: Wenn sich einer im Gebet zu Gott erhebt, wirkt sich das auch auf die anderen aus" (*in einem Vortrag vor Familien, April 1989*).

Oft hat Chiara Lubich diese Verbindung, ja Durchdringung von Persönlichem und der Gemeinschaft thematisiert und von ihrem christlichen Glauben her auf ihre Tiefendimension hin ausgeleuchtet: Menschsein als Widerspiegelung des dreieinen Gottes, als dynamischer Prozess, in dem beides untrennbar und doch unterscheidbar zusammenspielt: die Individualität, die Einzigartigkeit, die Unverwechselbarkeit und Würde des Einzelnen auf der einen Seite und auf der anderen die Gemeinschaft, das „Einssein" – wie der Vater und der Sohn eins sind (vgl. Joh 17; in theologischer Ausfaltung: wie sie in der Einheit des Heiligen Geistes ein einziger Gott in drei „Personen" sind).

Diese charakteristische Akzentsetzung durchzieht auch das, was Chiara, wie sie meist einfach genannt wurde und im Folgenden genannt werden soll, über das Gebet und das „innere Leben" geschrieben und gesagt hat. Auch an ihrem eigenen

Beten hat sie immer wieder teilhaben lassen; Persönliches – sofern es angemessen ist – zu *kommunizieren*, lag ihr sehr am Herzen und passt zu einem „trinitarischen Lebensstil", wie ihre Art, christliches Leben zu verstehen, treffend genannt wurde.

Es kann regelrecht verblüffen, wie viele der zahllosen Texte, die sie hinterlassen hat und die oft auch in Buchform publiziert wurden, *Gebete* sind. Immer wieder spricht sie Gott an, Jesus, den Heiligen Geist (dies seltener, da Beten in kirchlich-theologischer Diktion mehr ein Gespräch mit Gott „im Heiligen Geist" ist als *zum* Heiligen Geist); manches Mal wendet sie sich auch an Maria, die Mutter Jesu.

Dass das Gebet für sie und bei ihr eine so eminent wichtige (Hintergrund-)Rolle spielt, verdient Beachtung. Denn spontan denken viele bei ihr, bei „ihrer" Spiritualität und der daraus erwachsenen Fokolar-Bewegung eher an Stichworte wie weltweite Geschwisterlichkeit, „geeinte(re) Welt", Dialog auf allen Ebenen, an Nächsten- und gegenseitige Liebe, vielleicht auch an gesellschaftliches Engagement und Einsatz für den Frieden. All das aber hat eine Wurzel, schöpft aus einer Quelle. Gott, der die Liebe ist (vgl. 1 Johannes 4,8.16), war Chiaras „Ideal", ihr Ein und Alles, wie sie sagte. Gerade weil er Liebe zu allen ist und will, sind in der Entscheidung, für ihn zu leben, wie von selbst *alle* „mit drin", mitgemeint, mitgeliebt – oder die Entscheidung für Gott geht an ihm, wie er sich in Jesus gezeigt hat, vorbei.

In Chiaras Texten ist also immer und immer wieder von Gott die Rede – sehr oft in der Du-Anrede. Das ergibt sich gewissermaßen von der Sache selbst her, die eben keine „Sache" ist: Gott ist ja nicht ein Objekt unter anderen, über das „sachhaft" gesprochen werden könnte. Gott ist nicht greifbar. Aber ansprechbar. Anstelle vieler Worte dazu nur ein wunderbar pointiertes Zitat des großen jüdischen Religionsphilosophen Martin Buber: „Wenn an Gott glauben bedeutet, von ihm in der dritten Person reden zu können, glaube ich nicht an Gott. Wenn an ihn glauben bedeutet, zu ihm reden zu können, glaube ich an Gott."[1]

Das Augenmerk in Aufbau und Auswahl der in diesem Buch aufgegriffenen Texte und Gebete soll auf den besonderen *Akzentsetzungen* Chiaras liegen, das Charakteristische soll deutlich werden. Charakteristisch aber heißt nicht: exklusiv. Eine solche Verwechslung passiert schnell und oft – und geht letztlich immer zu Lasten dessen, was herausgestellt werden soll. Exklusivansprüche grenzen ab und grenzen aus und sind „der Sache" abträglich: eine Beobachtung, die sich allüberall machen lässt.

---

1   Martin Buber, Begegnung. Autobiographische Fragmente, 4., durchgesehene Aufl., Heidelberg 1986, 56.

Gerade im Blick aufs Beten finden sich bei Chiara viele Verbindungslinien zu anderen, Elemente, die von anderswoher aufgegriffen und weitergeführt werden. Chiara schöpft oft ausdrücklich aus der großen Tradition.

Die *typischen* Merkmale des Gebets bei Chiara hängen allesamt mit dem genannten Kernmotiv zusammen: einem trinitarischen Ansatz, einer Einheit in Vielfalt, einer Gegenseitigkeit, die das je Besondere als Reichtum im Ganzen sieht und entfaltet. Vermeintliche Spannungen und Widersprüche sind nur Brennpunkte im Spiel des „eins *und* drei", von Einheit *und* Verschiedenheit: innen *und* außen; Gott im eigenen Inneren *und* „im Zwischen" (Klaus Hemmerle); „*allein* vor Gott" – aber *darin* immer verbunden mit den anderen; *Gott* allein *und* Gott in den Brüdern und Schwestern, ausschließliche Liebe zu Gott also *im Einschließen* der von ihm geliebten Menschen und in der Hinwendung zu ihnen; Kontemplation *und* Aktion … – die Aufzählung ließe sich leicht fortsetzen. Chiara erkennt darin „die große Sehnsucht unserer Zeit", wie einer ihrer beliebtesten Texte überschrieben ist (s. S. 17). Es ist eine Sehnsucht – und eine Notwendigkeit, wie in Zeiten wie den unseren neu spürbar wird. Es braucht eine Verwurzelung in einer nicht materiell-ökonomischen Dimension, die nicht aus der Welt und ihren gewaltigen Herausforderungen heraus-, sondern in diese hineinführt und andere Horizonte öffnet. Es braucht vielleicht mehr, als uns bewusst ist, in den Anforderungen, oft Überforderungen und Hilflosigkeiten auch den Ruf, den Schrei „nach oben" – und damit das Eröffnen eines Vertrauensraumes, den wir selber nicht machen können und der wohl doch notwendig, zumindest hilfreich ist, um nicht „die Flinte ins Korn zu werfen", sondern engagiert weiterzuarbeiten an einer menschlicheren Welt.

Die Beziehung zu Gott und die zur Welt, Glaube und Leben stehen somit nicht in Konkurrenz zueinander. Sie wachsen (oder verkümmern) miteinander. Davon war Chiara – bei aller tiefen Wertschätzung gegenüber Menschen ohne religiöses Credo – aus ihrer Erfahrung heraus fest überzeugt. Sie wurde nicht müde zu betonen: Die Liebe zu Gott und die Liebe zu den Menschen sind jeweils Wurzel und Frucht des je anderen. Dies ist nicht das Ergebnis philosophisch-theologischer Reflexion, sondern ihr ganz persönliches Erleben. Es ist die staunende Beobachtung, wie das Dasein für andere das Gespräch mit Gott hervorbringen kann und umgekehrt die Verwurzelung in Gott – in seiner Gegenwart, in seinem Willen, in seiner Liebe – der Liebe eine neue Qualität zu geben vermag. (In Klammern: Auch dies darf nicht exklusivistisch missverstanden werden. Chiara selbst hat sich mit den Jahren, Jahrzehnten immer mehr geöffnet für die Wahrnehmung der Präsenz Gottes und seines Wirkens auch in Angehörigen anderer Religionen und Weltanschauungen.)

Chiara hat dabei in hohem Maße aus der Gebetstradition und einer katholisch geprägten Frömmigkeit gelebt, tagtäglich. Auch dies muss in einem Buch über ihr Beten, ihr Verständnis von Gebet und Beziehung zu Gott vorkommen, sonst ergäbe sich ein Zerrbild. Chiara hat solche tradierten Formen für sich als fundamental erlebt und sie denen, die nach ihrer Spiritualität leben möchten, ans Herz gelegt. Für sie selbst waren die tägliche heilige Messe, das Verweilen vor dem Tabernakel, der Rosenkranz, Morgen-, Tisch- und Abendgebet, Gewissenserforschung etc. Fixpunkte in ihrem Alltag. Sie hat – manchmal mit einem Nachdruck, wie Eltern ihn an den Tag legen, weil ihnen die Kinder am Herzen liegen – dafür geworben, diese Quellen zu nutzen, natürlich angepasst an den jeweiligen „Lebensstand", die persönlichen Möglichkeiten, die konfessionelle Zugehörigkeit, die jeweilige religiöse Tradition etc. Bei diesen Empfehlungen blieb ihr freilich immer bewusst, worauf jede „Gebetspraxis" hinzielt: auf das Eintauchen und Eingetauchtsein, auf ein Leben in Seiner Gegenwart, in jener Liebe, die oberste Richtschnur, die alles ist.

Damit einher geht eine eigentümliche Relativierung selbst „heiliger Dinge", eine Relativierung im eigentlichen Sinn: *in der Beziehung* zu dem „einen Notwendigen" (Lukas 10,42). Jesus war ein Meister solcher Relativierung, wie sein schockierend-freier Umgang mit Sabbat- und anderen Geboten zeigt. „Liebe, und tu, was du willst", formuliert es Augustinus. Fehlt die Liebe, ist alles Beten (und nicht nur das) Schall und Rauch. Moralische Prinzipien, dogmatische Überzeugungen, selbst die Liturgie sind *relativ* im genannten Sinn. Chiara mochte das Jesuswort sehr: „Wenn du deine Opfergabe zum Altar bringst und dir dabei einfällt, dass dein Bruder etwas gegen dich hat, so lass deine Gabe dort vor dem Altar liegen; geh und versöhne dich zuerst mit deinem Bruder, dann komm und opfere deine Gabe!" (Matthäus 5,23f).

Wo die Liebe ist, kommt vieles neu, auch anders ins Licht. Ist das gefährlich? Unter Umständen ja. Aber: Dürfen wir ernsthaft glauben, dass Gott am Werk ist, wo die Liebe fehlt?

„In-Beziehung-zu-Gott-Stehen" hat immer „etwas mit *Lieben* zu tun", schreibt Sr. Waltraud Herbstrith im Blick auf Teresa von Avila, diese „Meisterin des inneren Betens" (die selber eine solche Bezeichnung strikt abgelehnt hätte, wie Waltraud Herbstrith meint: Nur einer ist unser Meister: Jesus Christus!). Teresa von Avila wusste übrigens auch, was manchmal übersehen wird, aus eigener Erfahrung „um die Wichtigkeit des Lebens mit anderen, des Gesprächs und Austauschs"[2].

In diesem Sinne ist auch die vorliegende Publikation gemeint: als Teilhaben-Lassen an einer Erfahrung. Als Lese-, aber – wenn man möchte – auch als Betrachtungsbuch, als Impuls für die persönliche Meditation, fürs eigene Beten und das Gespräch darüber.

So bleibt der Wunsch, dass dieses Buch, um es nochmals mit Martin Buber zu sagen, vom „Es" zum „Du" führt: dass die hier zusammengestellten Texte in eine vielleicht neu verlebendigte Beziehung zu dem führen, in dem wir „leben, uns bewegen und sind" (vgl. Apostelgeschichte 17,28), zum *Bleiben* in seiner Gegenwart *im je neuen Sprung* da hinein. Ganz persönlich. Miteinander.

Stefan Liesenfeld

Editorischer Hinweis: Die in serifenloser Schrift (wie hier) gesetzten erläuternden Texte stammen vom Herausgeber bzw. von anderen von ihm zitierten Autoren.

---

2   Waltraud Herbstrith, Aufbruch nach innen. Auf den Spuren Teresas von Avila, Neuausgabe, München 2015, 8; 21.

Das ist die große Sehnsucht unserer Zeit:
eintauchen in die höchste Kontemplation
und mit allen Menschen verbunden bleiben,
Mensch unter Menschen.

Ich würde noch mehr sagen:
eintauchen in die Menge
und ihr das göttliche Leben schenken,
wie der Wein ein Stück Brot tränkt.

Mehr noch: eindringen
in die Pläne Gottes für die Menschheit,
inmitten der Menge sein Licht verbreiten
und zugleich mit dem Nächsten
seine Mühsal, den Hunger, die Schicksalsschläge
und die kleinen Freuden teilen.

Denn wie alle Zeiten
sehnt sich auch unsere Epoche
nach dem Menschlichsten und Göttlichsten,
was man sich denken kann:
nach Jesus und Maria –
das Wort Gottes, Sohn eines Zimmermanns;
der Sitz der Weisheit, eine Hausfrau.

Chiara Lubich

In Seiner Gegenwart

Zugänge

Gebet im weiten und tiefen Sinn ist Stehen in Beziehung zu dem, von dem es in der Apostelgeschichte heißt: „In ihm leben wir, bewegen wir uns und sind wir" (17,28). Es geht um eine lebendige, ganz persönliche, tiefe Beziehung, die das Leben durchwirkt und prägt. *Vor* allen Worten, die wir machen, geht es um ein Gewahrwerden, ein Staunen über diese göttliche Präsenz: eine Liebe, die uns ganz persönlich gilt und alle Menschen umgibt, eine Liebe, die uns in tausend Facetten entgegenkommt, wie Chiara immer wieder staunend feststellt.

STAUNEN:
„IMMER UND ÜBERALL IST ER DA!"

Es traf mich wie ein Blitz: „Gott liebt mich unendlich!" ... Immer und überall ist er da!

* * *

Als ich die Unendlichkeit des Universums betrachtete, die unglaubliche Schönheit und Kraft der Natur, kam mir spontan der Gedanke an den Schöpfer aller Dinge. Ganz neu hat sich mir die unendliche Größe Gottes erschlossen. Dieser Eindruck war so stark, dass ich niederknien und Gott anbeten, ihn preisen und verherrlichen wollte … Es schien mir unglaublich, dass er auch an uns gedacht hat.

* * *

Die Stille im Hochgebirge, die endlose Weite des Meeres, eine Fahrt im Sessellift steil aufwärts zwischen weißem Fels und dem blauen Himmel oder ein Flug in zehntausend Meter Höhe üben auf Menschen, die ein geistliches Leben führen, eine besondere Faszination aus, denn sie führen spontan zu innerer Sammlung und zum Gebet.

* * *

Wenn ich mich in Gott sammle, das Buch des Lebens öffne und die ewigen Worte lese, erklingt in meiner Seele eine herrliche Melodie, und der Heilige Geist erfüllt mich mit seinen Gaben.

> Deine geheimnisvolle Gegenwart …
> Dort ist das Leben,
> die Erfüllung der Sehnsucht;
> dort findet unser Herz Ruhe,
> und wir schöpfen neue Kraft
> für den Weg unseres Lebens.

Herr, deine Gegenwart ist Liebe,
eine Liebe freilich,
die die Welt nicht kennt.
Sie ist wie köstlicher Nektar,
in den die Seele eingetaucht ist;
das Herz ist der Kelch, der ihn in sich birgt.
Die Seele ist ein Lied ohne Worte,
das du allein verstehst,
eine Melodie, die zu dir gelangt,
weil sie von dir ausgeht
und du sie komponiert hast.

* * *

An vielen Orten
habe ich dich gefunden, Herr!
Ich spürte deine Nähe
in der Stille einer Bergkapelle,
vor dem Tabernakel
im Halbdunkel einer leeren Kathedrale,
in der Einmütigkeit einer Gemeinde,
die dich liebt und die Gewölbe deiner Kirche
mit ihren Liedern und ihrer Liebe erfüllt.
Ich fand dich in der Freude;
ich sprach mit dir,
der du jenseits des Sternenhimmels wohnst,
wenn ich am Abend nach der Arbeit
schweigend nach Hause ging.

Ich suche dich und finde dich oft.
Immer aber finde ich dich im Schmerz …

„Immer aber finde ich dich …" – ausgerechnet im Schmerz? Auch da soll Gott zu finden sein?
Dass Gott überall ist, muss sich gerade da bewähren, wo er nach unserer Vorstellung „nicht ist", „nicht zu spüren ist", „nicht hilft", abwesend scheint. Sonst ist er eben nicht überall. In Jesus, in seiner Gottverlassenheit am Kreuz hat Chiara Gott und seine Liebe gewissermaßen „im Modus der Abwesenheit" (Matthias Sellmann) entdeckt; darauf ist zurückzukommen (s. S. 108ff).
Zunächst aber ist im oben zitierten Gebet jede Zeile für sich zu nehmen – und ernst zu nehmen: In der Stille, in der Freude, in der Natur, in der Weite des Kosmos …, an so vielen Orten, in so vielen Momenten ist ER zu finden, will er sich finden lassen. Chiara steht hier ganz in der großen christlichen, auch mystischen Tradition. Teresa von Avila bekennt im „Libro de la Vida": „Ich betrachte gerne Felder, Wasser, Blumen. Diese Dinge weckten mich und halfen mir zur Sammlung. Sie ersetzten mir ein Buch."

AUF DU UND DU:
ANTWORT AUF DIE LIEBE

Gottes Liebe ruft wie von selbst zu einer existenziellen Antwort der Liebe. „Zum Dialog mit Gott ist der Mensch schon von seinem Ursprung her aufgerufen: Er existiert nämlich nur, weil er, von Gott aus Liebe geschaffen, immer aus Liebe erhalten wird; und er lebt nicht voll gemäß der Wahrheit, wenn er diese Liebe nicht frei anerkennt und sich seinem Schöpfer anheimgibt", heißt es in einem wichtigen Text des Zweiten Vatikanischen Konzils (GS 19). Wem aufgeht, dass Gott ihn persönlich liebt, „kann" nicht anders, als darauf zu *antworten* – mit dem Wunsch zu lieben: Liebe ruft nach Liebe. Der allererste Anfang des Betens liegt also bei Gott und seiner Liebe, und das Wesen des Gebetes ist liebende Antwort, es liegt nicht im vielen Denken, sondern „im viel Lieben" (Teresa von Avila).

* * *

Gott schuf den Menschen als sein Abbild (vgl. Genesis 1,27). Das bedeutet, dass der Mensch geschaffen ist als ein Du, das Gott gegenübersteht. Er hat also die Fähigkeit zu einer persönlichen, direkten Beziehung zu Gott, einer Beziehung der Erkenntnis, der Liebe, der Freundschaft und Gemeinschaft ...

Gott ist die Liebe und kommt jedem Menschen auf tausend Weisen entgegen … Schauen wir uns einmal um und betrachten wir, zu welchen Verrücktheiten der Liebe sich Gott aus Liebe zu uns hat hinreißen lassen.

Sehen wir, ob es in der Welt Spuren seiner Liebe, Zeichen seiner Gegenwart gibt …, um uns seiner Liebe auszusetzen, uns von seiner Weisheit erleuchten und von seinem Geist entzünden zu lassen. Wenn wir das tun, wird Gott immer mehr in uns leben.

* * *

Gott „kommt *jedem* Menschen *auf tausend Weisen* entgegen", schreibt Chiara. Gottes Liebe gilt allen, wer immer sie sind, was immer sie glauben. Diese Überzeugung öffnet wie von selbst auch für Menschen anderer Religionen und Weltanschauungen. Ja, es ist möglich, über alle Differenzen hinweg eine tief spirituelle Verbindung zu erfahren. Auf ausdrücklichen Wunsch Chiaras war und ist in der Fokolar-Bewegung auch Platz für Menschen anderer Religionen und Weltanschauungen. Ihre Weise, die Stille und innere Sammlung zu suchen (evtl. auch ohne Bezug zu einem „personal" gedachten Gott), ihre Art zu beten verdient Würdigung und Wertschätzung. In interreligiösen Begegnungen hat Chiara auch Gebete und mystische Erfahrungen anderer Traditionen zitiert als Beispiele für vorhandene „Brücken", für tiefe Parallelen, so etwa in einer Zusammenkunft mit Muslimen.[3] Und lebendige, von Liebe und Achtsamkeit geprägte Beziehungen über alle Grenzen hinweg sind für Chiara „Leben in Seiner Gegenwart". Nicht Ab- und Ausgrenzung, sondern Wahrnehmen der „tausend Weisen" seines „Entgegenkommens" entsprechen der Botschaft Jesu: „Wer nicht gegen uns ist, ist für uns" (Markus 9,40). Oft hat Jesus den als Vertrauen verstandenen Glauben „Andersgläubiger", etwa aus Samarien, gepriesen.

Wir können Gott lieben, weil er uns als Erster geliebt hat. Die Liebe, die uns aufgetragen ist, ist also eine Antwort der Liebe. Wir können uns an ihn wenden mit dem gleichen Vertrauen und der gleichen Zuversicht wie Jesus, der ihn Abba, lieber Vater, nennt. Und wie Jesus können auch wir immer wieder mit Gott ins Gespräch kommen, ihm sagen, was wir brauchen und vorhaben, und ihm immer wieder neu unsere Liebe versichern.

Eigentlich sollten wir geradezu ungeduldig den Momenten entgegensehen, in denen wir mit ihm Verbindung aufnehmen durch das Gebet. Das Ge-

---

3   So z. B. in einem Vortrag in Castelgandolfo am 25.10.1999 mit vielen Zitaten muslimischer Gläubiger, z. T. zitiert in: Il respiro dell'anima. La preghiera in Chiara Lubich, hg. von Fabio Ciardi, Rom 2022, 75–82. Das Thema verdiente eine weitere Vertiefung, die den Rahmen dieser Publikation sprengen würde.

bet ist ja nichts anderes als Gespräch, Gemeinschaft, freundschaftliche Beziehung mit Gott. Wir können ihn, den Schöpfer des Universums, anbeten, wo immer wir uns gerade befinden: zu Hause, bei der Arbeit, im Büro, im Zusammensein mit anderen Menschen, überall.

* * *

Wer sich in die Liebe hineinstellt, stellt sich in das, was bleibt: in Gott.

* * *

Gott hat sich uns als Liebe gezeigt, als „Vater", so, wie die Heilige Schrift ihn schon immer zeigt. Da gibt es großartige Stellen, in denen Gott beschrieben wird. Eine gefällt mir ganz besonders, wo Gott zum Volk Israel sagt:

„Kann denn eine Frau
ihr Kindlein vergessen,
eine Mutter ihren leiblichen Sohn?
Und selbst wenn sie ihn vergessen würde:
Ich vergesse dich nicht."
(Jesaja 49,15).

Schon im Alten Testament kam Gott als Liebe zum Ausdruck. Dann das Neue Testament. Eine Stelle,

wo Jesus uns ganz eindrücklich vor Augen führt,
wer der Vater ist, ist das Gleichnis vom „verlorenen
Sohn" und barmherzigen Vater. Ein berühmtes Gemälde von Rembrandt stellt den Vater und den verlorenen Sohn dar: Der Vater ist alt, halb blind; er legt

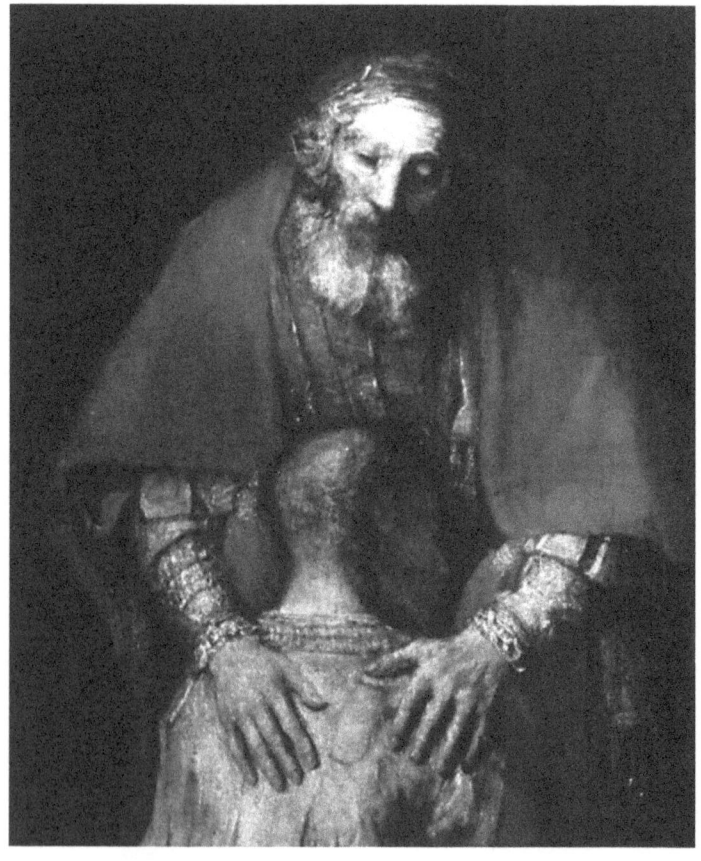

Rembrandt Harmenszoon van Rijn (1606–1669),
Die Rückkehr des verlorenen Sohnes (Detail)

die Hände auf die Schultern des Sohnes, der barfuß, ganz heruntergekommen vor ihm kniet und seinen Kopf an die Brust des Vaters lehnt. Es ist ein Kunstwerk von außergewöhnlicher Schönheit. Was dabei auffällt, sind die Hände des Vaters: die eine ziemlich groß und kräftig, die andere viel zarter. Der Künstler wollte damit die väterliche und zugleich mütterliche Liebe Gottes zum Ausdruck bringen. Kardinal Carlo M. Martini hat in einem großartigen Hirtenbrief geschrieben, dass Gott nicht Vater im Sinn einer männlichen Gestalt ist, sondern dass er Vater und Mutter für uns ist. Genau dies hat Rembrandt in seinem Bild zum Ausdruck gebracht.

Jesus stellt uns also diesen Vater vor Augen, der den Sohn aufnimmt, ihm nicht nur verzeiht, sondern auch alles vergisst. Er gibt ihm ein neues Gewand, steckt ihm einen Ring an den Finger, bestellt Musik und ein großes Festmahl. Hier zeigt sich wirklich die Liebe des Vaters, der seit dem Weggang des Sohnes immer auf ihn gewartet hat. Und als er endlich kommt, verzeiht er ihm sofort; er will gar nicht, dass er etwas sagt, sondern vergisst alles, was war, und sieht ihn mit neuen Augen. So ist der Vater, so müssen wir ihn uns vorstellen!

Denken wir daran, dass wir einen solchen Vater haben!

Ich glaube, er freut sich, wenn wir seine Liebe in uns aufnehmen, noch bevor wir versuchen, ihn zu lieben. Er braucht unsere Liebe nicht, auch wenn wir sie ihm schulden. Denn vor allem sollen wir seine Liebe in uns aufnehmen ... Wir machen Gott Freude, wenn wir ihn lieben, aber noch mehr, wenn wir seine Liebe *aufnehmen*!

* * *

Unser Teil ist zunächst das „Aufnehmen" der Liebe Gottes. Beten fängt also bei Gott an, wie Klaus Hemmerle es in einer Weisheitsgeschichte vom Meister und seinen Jüngern formuliert. Gefragt, wo der Anfang des Gebetes liege, antworten diese: in der Not – im Jubel – in der Stille – im Stammeln des Kindes. Darauf der Meister: „Ihr habt alle gut geantwortet. Aber es gibt noch einen Anfang, und der ist früher als alle jene, die ihr genannt habt. Das Gebet fängt an bei Gott selbst. Er fängt an, nicht wir."[4]

---

4 Klaus Hemmerle, Dein Herz an Gottes Ohr. Einübung ins Gebet, Neuausgabe, München 2014, 20. – Viele Texte des Theologen und früheren Aachener Bischofs sind geprägt von der Spiritualität Chiara Lubichs, so auch im hier zitierten Buch über das Beten.

VERTRAUEN,
DAS ALLE HINDERNISSE ÜBERWINDET

Das Gebet ist das Atemholen der Seele,
der Sauerstoff für unser geistliches Leben,
Ausdruck unserer Liebe zu Gott,
der Brennstoff für unser Tun.

* * *

Wir brauchen mehr Gottvertrauen! Die unnützen Selbstgespräche sollten wir beenden und das Gespräch mit dem Herrn suchen, ein tiefes, inniges Gespräch. Ihm können wir alles anvertrauen, was wir sind und was wir haben.

* * *

Wir haben einen Vater!
Der himmlische Vater,
der die Schöpfung ins Sein rief und erhält,
den ganzen Kosmos,
in den wir eingetaucht sind
wie ein Tropfen im Ozean,
dieser Vater lebt in unserem kleinen Herzen.
An ihn wenden wir uns im Vaterunser.
Ihn rufen wir im Namen Jesu an,

um Gnaden von ihm zu erbitten.
Wir werfen all unsere Sorgen auf ihn.

Wie oft haben wir das voll Glauben getan,
und er hat sie uns abgenommen;
die Sorgen verschwanden ganz rasch,
fanden ihre Lösung durch seine Liebe.
Denn einem Vater
vertraut man voll und ganz.
Ein Vater schenkt Halt, Sicherheit,
man wirft sich in seine Arme
wie ein Kind.

Das Vaterunser

Viele Gebete bereichern unser christliches Leben. Das schönste aber ist jenes Gebet, das Jesus selbst uns gelehrt hat, als die Jünger ihn baten: „Herr, lehre uns beten" (Lukas 11,1). Es beginnt mit den Worten „Unser Vater im Himmel":

> „Vater unser im Himmel, geheiligt werde dein Name. Dein Reich komme. Dein Wille geschehe, wie im Himmel, so auf Erden. Unser tägliches Brot gib uns heute. Und vergib uns unsere Schuld, wie auch wir vergeben unsern Schuldigern. Und führe uns nicht in Versu-

chung, sondern erlöse uns von dem Bösen"
(Matthäus 6,9-13).

Wir bitten ihn, dass sein Name geheiligt werde, dass
er der Herr und „König" unseres Lebens sei, dass
sein Wille geschehe; sodann bitten wir um alles Lebensnotwendige, um Vergebung unserer Sünden
und um Schutz und Bewahrung vor Versuchung
und allem Bösen.

Bei jedem „Vaterunser" geht es darum, die Liebe
des Vaters in uns aufzunehmen. Er möchte uns
alles geben, was wir brauchen. Wir brauchen ja alles
Mögliche: Brot, Kleidung, Vergebung, Hilfe in der
Versuchung, bei jedem Hindernis auf unserem Le-
bensweg. Das alles erbitten wir im zweiten Teil des
Vaterunsers, der ausgesprochen schön ist. Aber
noch mehr, wenn ich so sagen darf, gefällt mir der
erste. Wir möchten für das Reich Gottes arbeiten,
aber was können wir in unserer Armseligkeit schon
tun? Wir brauchen ihn, seine Hilfe … Er ist es, der
sein Reich, diese Revolution der Liebe voranbringt!
Nur mit seiner Hilfe kann sein Wille geschehen …
Natürlich brauchen wir im Leben alles Mögliche,
aber ganz besonders brauchen wir den Heiligen
Geist.

Unser Leben als Christen wurzelt in dem Glauben an die Liebe Gottes: Wir sind ja nicht allein, sondern haben einen Vater, der uns liebt.

In diesem Vertrauen können wir auch dann leben, wenn uns etwas bedrückt. Manchmal ist es die Angst vor der Zukunft, die Sorge um die Gesundheit, das Bangen um die eigene Familie, der Zweifel am Gelingen einer Arbeit, die Unsicherheit im Verhalten in einer bestimmten Situation, der Schreck über eine schlechte Nachricht, Ängste aller Art …

Und genau in diesen Augenblicken möchte Gott, dass wir an seine Liebe glauben, ihm vertrauen!

Wir dürfen unsere Sorgen auf ihn werfen, sie bei ihm abladen. In der Schrift steht:

> „Werft alle eure Sorgen auf ihn;
> denn er kümmert sich um euch."
> (1 Petrus 5,7)

* * *

Unsere Tage sind randvoll von kleinen und großen Sorgen und Problemen … Man hastet, rechnet und plant; man müht sich ab für sich selbst und für die, die einem am nächsten stehen. Wenn wir auf andere Länder blicken, begegnen wir noch weit ernsteren Problemen: Hunger, Seuchen …; selbst das Lebensnotwendige fehlt.

In der Bergpredigt heißt es: „Sorgt euch nicht um euer Leben und darum, dass ihr etwas zu essen habt, noch um euren Leib und darum, dass ihr etwas anzuziehen habt … Euer himmlischer Vater weiß, dass ihr das alles braucht. Euch aber muss es zuerst um sein Reich und um seine Gerechtigkeit gehen; dann wird euch alles andere dazugegeben" (Matthäus 6,25.32f).

Ungewöhnliche Worte … Sie sind wie ein sanfter Protest des Himmels. Jesus öffnet uns die Augen, damit wir erkennen, dass wir einen Vater haben, der an uns denkt.

Man könnte sich fragen: Sind damit unsere Anstrengungen, unser Einsatz und die Arbeit, unser Sorgen und Mühen hinfällig? – Keineswegs. Aber sie bekommen eine neue Motivation: Nicht um Brot, Kleidung oder Geld geht es, sondern um das Reich Gottes in uns, um die Ausrichtung am Willen Gottes statt an unserem eigenen.

* * *

Es gibt Tage, an denen es besser, und andere, an denen es schlechter geht. Doch manchmal merken wir, dass es gar nicht so sehr auf Erfolg oder Misserfolg ankommt, sondern darauf, *wie* wir unser Leben gestalten. Und die Frage nach dem Wie ist eine Frage nach der Liebe: Sie allein gibt allem Wert ...

Beginnen wir also jeden neuen Tag mit Zuversicht, bei Unwetter oder Sonnenschein.

Erinnern wir uns daran: Jeder Tag ist so viel wert, wie wir Gottes Wort in uns aufnehmen. Christus möchte in uns leben ... Er in uns vollbringt die Werke, die uns ins endgültige Leben begleiten (vgl. Offenbarung 14,13).

Erstaunt werden wir feststellen, wie das Wort Gottes, die Wahrheit, uns frei macht (vgl. Johannes 8,32.36).

* * *

Gelegentlich, auch in Zeiten der Freude, sehnt sich die Seele nach jenen heiligen Augenblicken, in denen alles Irdische zurücktritt und nur noch Gott bleibt ...

Es ist der Durst nach dem Jenseits, wo die Freude durch nichts von Gott getrennt ist, sondern gerade darin besteht, ihn ganz zu besitzen. Und er, er allein erfüllt das menschliche Herz. In einem Wort, das die Jahrhunderte überdauert hat, bringt Augustinus diese Wahrheit zum Ausdruck:

"Unruhig ist unser Herz,
bis es ruht in dir!"

Wenn Chiara hier formuliert, dass das Irdische zurücktrete und nur Gott bleibe, wenn sie vom "eigenen Nichts und göttlichen Alles" spricht, könnte dies als Abwertung des "Irdischen", als Erniedrigung des Menschen missverstanden werden. Das Gegenteil geschieht, wo der Blick auf Gott gerichtet wird, wie schon die Psalmen wissen: "Die auf ihn blickten, werden strahlen" – und weiter: „... nie soll ihr Angesicht vor Scham erröten" (Psalm 34,6). Wer Gott groß sein lässt, der erlebt, wie kostbar wir in Gottes Augen sind. Er will, dass wir Leben in Fülle haben, dass, wie Jesus sagt, "seine" Freude in uns ist: "Dies habe ich euch gesagt, damit meine Freude in euch ist und damit eure Freude vollkommen wird" (Johannes 15,11).
"Nichts und alles", gering und ganz groß, das ist das "Gesetz des Magnifikat": "Er ... erhöht die Niedrigen" (Lukas 1,52). Gottes Sehnsucht ist niemals die Erniedrigung, nicht die Nichtung des Menschen, sondern seine Heilung, seine Erfüllung, seine – recht verstanden – "Vergöttlichung".

VOR IHM, SO WIE ICH BIN –
AUCH MIT MEINEM NICHT-BETEN-KÖNNEN

„Des Nachts auf meinem Lager suchte ich ihn,
den meine Seele liebt.
Ich suchte ihn und fand ihn nicht.
Aufstehen will ich, die Stadt durchstreifen,
die Gassen und Plätze,
ihn suchen, den meine Seele liebt.
Ich suchte ihn und fand ihn nicht."

(Hoheslied 3,1f)

Herr, oft spüren wir
unsere ganze Hilflosigkeit,
doch auch das überlassen wir dir.
Nur darauf wollen wir unser Leben gründen:
auf den unerschütterlichen Glauben,
dass du uns liebst.

Gott kann in der eigenen Wahrnehmung weit weg sein. Und zwar zu allen Zeiten unseres Weges. Sei es, dass jemand überhaupt keinen Zugang zu einer religiös-spirituellen Erfahrung hat, sei es, dass aufgrund besonderer Umstände oder Erlebnisse, vielleicht plötzlich durch eine Erschütterung, vielleicht auch unmerklich im Laufe der Zeit die Beziehung zu Gott mehr oder weniger abhanden gekommen ist. Es ist müßig zu spekulieren, wo die „Schuld" liegt, oder sich allzu lange mit der Ursachensuche zu beschäftigen. Sicher, auch die kann hier und da nützlich sein. Wichtiger und immer hilfreich aber ist etwas anderes; die folgende Geschichte von Klaus Hemmerle bringt es – ganz auf der Linie Chiaras und von ihr inspiriert – auf den Punkt:

„Ein Jünger kommt zu einem Meister des Gebetes und klagt ihm: ‚Meister, ich habe mich so gemüht, mich zu sammeln versucht, über mich selbst nachgedacht, alle Gedanken, die mir kamen, still werden lassen – und doch habe ich nicht beten können. Was soll ich tun?' Der Meister antwortet: ‚Mach aus deinem Nicht-beten-Können ein Gebet'" (Klaus Hemmerle).[5]

Oder, wie Ermes Ronchi formuliert: „Beten kann man *immer*. Selbst die eigene Unfähigkeit zu beten können wir Gott hinhalten: Dies ist das demütigste Gebet."[6]

* * *

In spontanem Gebet vertrauen wir Gott, Jesus, auch Maria die geheimsten Dinge an:

Wir sagen ihnen, wie sehr wir sie lieben oder lieben möchten;

---

5   Klaus Hemmerle, Dein Herz an Gottes Ohr, 16
6   Ermes Ronchi, Beten ist menschlich. Variationen über ein Grundbedürfnis, München 2019, 47.

wie hilfsbedürftig wir sind;
was uns Schwierigkeiten bereitet;
welche Hoffnungen
und welche Pläne wir haben ...

Wir bitten immer um den Heiligen Geist. Kurz, wir gewöhnen uns an ein offenes Gespräch „mit den Bewohnern des Himmels".

In einem bestimmten Moment aber kann all das für uns unmöglich sein, etwa weil wir uns in einer inneren Trockenheit befinden, ob wir sie uns erklären können oder nicht.

Dann ist es immer noch möglich, mit dem verlassenen Jesus zu sprechen und ihn in diesem geistlichen Schmerz zu umarmen.

Das Wichtigste ist, nie das Gebet zu unterlassen. Treu zu sein, egal wie wir uns innerlich fühlen.

Jesus sagt:
„Geh in deine Kammer, wenn du betest,
und schließ die Tür zu;
dann bete zu deinem Vater,
der im Verborgenen ist" (Matthäus 6,6).

> Vater, vor dir habe ich nur das Bedürfnis,
> mich dir ganz und gar zu schenken,
> so wie ich bin …
> Ich weiß, du bist mir nahe
> und siehst mich als deine Tochter an.

Gewiss ist es der Heilige Geist, der mich „Abba, lieber Vater!" sagen lässt. Er legt mir dieses Wort ins Herz; die Seele taucht darin ein und befindet sich in seinem Reich, wo sie, so wie sie ist, erwünscht ist und geliebt.

„Bring dich so offen, so ganz mit zu ihm, hinein in ihn wie die Beter der Psalmen. Sicher, in ihm muss das umgeschmolzen werden, was die Psalmen an Affekt, an Angst, an Zorn, an Ungeläutertem aus dem Herzen des Menschen ins Herz Gottes schleudern. Aber gerade das bezwingt Gott: dein Sein-vor-ihm-wie-du-bist. So kann er sich dir schenken mit seinem Sein-wie-er-ist. Und eben das verwundet und segnet dich" (Klaus Hemmerle).[7]

---

7   Klaus Hemmerle, Dein Herz an Gottes Ohr, 58

Jesus, am Ostermorgen bist du Maria aus Magdala erschienen. Du rufst sie beim Namen. Was hinter ihr liegt, hast du vergessen: ihre Sünden, ihre Vergangenheit. Du rufst sie. Rufst du wohl auch jeden von uns? Wenn wir dich lieben wollen, erinnerst du dich an nichts mehr? Du rufst uns beim Namen? Wie sollten wir uns da noch Sorgen machen wegen unserer Vergangenheit, unserer Verfehlungen und Sünden? Bist du nicht heute derselbe wie damals, Jesus?

* * *

Nichts entgeht seiner Liebe, auch nicht die Fehler, die ich begehe, denn er lässt sie zu. Seine Liebe umgreift ebenso wie mich alle Christen, die Kirche, die Welt, das ganze Universum.

Dieses Wissen um Gottes „weites Herz" kann helfen, eine häufige Blockade zu überwinden: zu meinen, die eigene Unzulänglichkeit wäre ein Hindernis für die Beziehung zu ihm. Es gibt eine falsche Fixierung auf die „menschliche Sündhaftigkeit", wie man sagte. Dabei sind gerade unsere Unvollkommenheiten *das* Einfallstor Gottes in unser Leben![8]

---

8   Vgl. hierzu: Paolo Scquizzato, Lob des unvollkommenen Lebens. Eine christliche Alternative zum Perfektionismus, München 2022.

Gerade bei erfahrenen „Lehrerinnen und Lehrern geistlichen Lebens" ist alles Streben nach Heiligkeit immer eingehüllt in ein glasklares Bewusstsein der eigenen Wirklichkeit auf der einen und der grenzenlosen Weite und Barmherzigkeit Gottes auf der anderen Seite. Teresa von Avila, die so sehr dafür warb, sich „vollständig" Gott zu schenken, hat es in ihrem Buch „Weg der Vollkommenheit" in die wunderbaren Worte gefasst: „Unser Gott ist nicht so empfindlich und achtet nicht auf Kleinigkeiten"[9], man möge sich bloß nicht beunruhigen und von der Zuwendung zu Gott ablenken lassen. Ja, man könne das innere Beten auch einmal unterlassen, etwa „weil man rechtmäßige Geschäfte hat oder krank ist".[10] Gott liebt uns, wie wir sind, schreibt Chiara. Dies ist mitzudenken, wenn sie an anderer Stelle einlädt, aus dem Leben eine „heilige Reise" zu machen und voranzugehen, weil der, der nicht vorangehe, zurückgehe. Das darf nicht als religiöses Leistungsdenken verstanden werden: Solches ist nicht nur hoffnungslos, sondern stünde vor allem im Widerspruch zur Frohen Botschaft Jesu. Bei Lukas wird der Ruf, vollkommen zu sein wie der Vater im Himmel, gewendet in: „Seid barmherzig, wie auch euer Vater barmherzig ist" (Lukas 6,36). „Bei aller Entschiedenheit" braucht es auch „Gelassenheit und Sanftmut mit sich selbst" (Waltraud Herbstrith).[11]

---

9   Weg der Vollkommenheit, 125, zit. nach: Herbstrith, Aufbruch.
10 Ebd.
11 Waltraud Herbstrith, Aufbruch, S. 29.

„Betet allezeit!"

Gebetetes Leben – gelebtes Gebet

Im Folgenden einige Texte und Gedanken von Chiara zur Zwei-Einheit von Leben und Beten, die schon öfter angeklungen ist. Wenn Gebet im Kern Antwort auf die Liebe Gottes ist, muss es etwas Existenzielles sein: Liebe, die sich ausdrückt in Wort und Tat. Bloße Worte ohne Leben wären hohl, nichtig; volles Leben (mit allem Schönen wie Schwierigen) lässt das Herz *sprechen*.

„Richtig beten kann man nur, wenn man auch sein Leben auf Gott ausrichtet", stellt Pasquale Foresi, einer von Chiaras engsten Gefährten, fest. Mutter Teresa drückte es so aus: „Beten heißt für mich, 24 Stunden eins mit dem Willen Gottes zu sein."

So soll das ganze Leben Gebet werden, auch die Arbeit, der Alltag ..., alles. Jesus sagt, wir sollten allezeit beten (Lukas 18,1; 21,36). Ähnlich heißt es in 1 Thessalonicher 5,17: „Betet ohne Unterlass."

IM GEGENWÄRTIGEN AUGENBLICK

Jeden Augenblick gut und ganz das tun,
was von uns verlangt ist,
ganz bei dieser einen Sache sein,
alles andere beiseitestellen:
Gedanken, Wünsche und Erinnerungen;
reden, telefonieren, zuhören, helfen, lernen,
beten, essen, schlafen –
ohne uns parallel mit anderem zu beschäftigen;
ganz in *dieser* Handlung aufgehen –
mit ganzem Herzen, ganzer Seele, allen Kräften:
So können wir Gott lieben und seinen Willen tun.

Es ist bemerkenswert, wie Chiara das Beten im engeren Sinne als Sprechen von Gebeten hier einreiht unter scheinbar banale andere Beschäftigungen: „... reden, telefonieren, zuhören, helfen, lernen, *beten*, essen, schlafen". Denn das, was zählt, ist „der Wille Gottes", das Hinhören auf die „innere Stimme", das Wahrnehmen, was im gegenwärtigen Augenblick „dran ist": Dies ist Gebet gewordenes Leben.

ALLEZEIT BETEN –
IN DER AUSRICHTUNG AUF GOTTES WILLEN

Nicht jeder, der zu mir sagt: Herr! Herr!, wird in das Himmelreich kommen, sondern nur, wer den Willen meines Vaters im Himmel erfüllt" (Matthäus 7,21). – Um Gott mit ganzem Herzen, mit ganzer Seele, mit allen Kräften zu lieben, ist es nötig, mit ganzem Herzen, mit ganzer Seele, mit allen Kräften seinen Willen zu tun. Gott lieben ist nicht einfach ein Gefühl, sondern die Erfüllung seines Willens. Den Willen Gottes tun ist der konkrete Ausdruck meiner Liebe zu ihm. Wir besitzen eine große Gabe: die Freiheit. Für ein Geschöpf, ein Kind Gottes, kann es eigentlich nichts Vernünftigeres geben, als diese Gabe dem zu überlassen, der sie uns geschenkt hat. Als ich das begriffen hatte, entschloss ich mich, nicht mehr meinen Willen, sondern den Willen Gottes zu tun. Ich bemühe mich darum, meinen Willen dem Willen Gottes anzugleichen. Wollen, was Gott will: *So* kann ich ihn wirklich lieben.

Wollen, was (soweit ich es erkenne) Gott jetzt will: Diese Prioritätensetzung relativiert im ursprünglichen Sinne des Wortes das Beten, ja die „heiligsten Dinge": Es setzt sie, wie eingangs gesagt, in Relation zum „einen Notwendigen". Dies hat Jesus die höchste Freiheit gegeben, etwa wenn er das Sabbatgebot in den Willen des Vaters, der Liebe ist und will, ein- und diesem unterordnete. Chiara spricht davon, dass man in diesem Sinne unter Umständen „Gott für Gott verlieren" müsse: Es kann ja z. B. sein, dass er uns im Mitmenschen und seiner Not dringend braucht. Sonst könnte man „viele Gebete verrichten, ohne einen Augenblick gebetet zu haben", wie es Pasquale Foresi pointiert ausgedrückt hat.[12] Wenn hingegen *das Leben* Gebet ist, wenn es ausgerichtet ist auf Gottes Willen, auf die Liebe, wirkt sich das unwillkürlich auch auf das Sprechen mit Gott aus.

* * *

Wir könnten das Leben Jesu in uns mit einer kleinen Pflanze vergleichen. Dieses Pflänzchen braucht viel Pflege: Es braucht Sonne, die Sonne des Gebets, das Gespräch mit Jesus in unserem Herzen; überflüssige Triebe, das, was wir vielleicht gerne wollten, aber nicht im Sinne Gottes ist, sind „abzuschneiden" ...; auch auf das Erdreich ist zu achten ... Pflegen wir mit Sorgfalt das Leben Jesu in uns und halten wir uns dazu einen Gedanken von Papst Johannes XXIII. vor Augen: „Alles so tun, als ob ich nur geboren wäre, um dieses eine gut zu tun" – im gegenwärtigen Augenblick so im Willen Gottes sein, als wären wir nur dafür auf der Welt.

---

12 Vgl. Pasquale Foresi, Beten. Anregungen zu einem tieferen Gespräch mit Gott, München ³2005, 7.

Wir brauchen die Sammlung, das Sprechen mit Gott und das Stillwerden vor ihm, das Hinhören, um seinen Willen zu erkennen und entsprechend zu leben. Und umgekehrt kommt das Tun des Willens Gottes dem Sprechen mit ihm zugute: Es wird inniger, tiefer, spontaner, ja *alles* wird zu „Gebet".

Paulus schreibt: „Gleicht euch nicht dieser Welt an, sondern wandelt euch und erneuert euer Denken, damit ihr prüfen und erkennen könnt, was der Wille Gottes ist" (Römer 12,2).

Gottes Willen erkennt man Augenblick für Augenblick, wenn man auf die Stimme des Geistes in sich hört und ihr folgt. Den Galatern rät Paulus: „Lasst euch vom Geist leiten" (5,16). Dazu müssen wir feinfühlig für das Göttliche werden; das Gespür dafür, was dem Evangelium entspricht, gibt uns der Geist; je mehr wir danach leben, desto deutlicher vernehmen wir seine Stimme.

Um hellhörig für die Stimme des Geistes zu werden, erachtet Paulus zwei Dinge für notwendig.

Das erste ist ein Leben der gegenseitigen Liebe in einer christlichen Gemeinde: „Ich bete darum, dass eure Liebe immer noch reicher an Einsicht und Verständnis wird, damit ihr beurteilen könnt, worauf es ankommt" (Philipper 1,9f).

Das zweite ist das Gebet, denn es ist auch ein Geschenk, den Willen Gottes zu erkennen: „Wir hören nicht auf, inständig für euch zu beten, dass ihr ... den Willen des Herrn ganz erkennt" (Kolosser 1,9).

* * *

Herr, lass mich immer reden,
als wäre es das letzte Wort,
das ich sprechen kann.

Lass mich immer handeln,
als wäre es die letzte Handlung,
die ich vollbringen kann.

Lass mich immer leiden,
als wäre es der letzte Schmerz,
den ich dir anbieten kann.

Lass mich immer beten,
als wäre es für mich auf Erden
die letzte Chance, mit dir zu reden.

ALLEZEIT BETEN –
IN PRAKTIZIERTER LIEBE

Legen wir in alles unsere Liebe hinein:
in das Lächeln, das wir schenken können,
in die Arbeit, die wir zu tun haben,
in unser Verhalten im Straßenverkehr,
in die Vorbereitung des Essens,
ins Zusammenlegen eines Kleidungsstücks,
in das Planen einer Unternehmung,
in die Tränen, die wir vergießen
für Christus in unseren leidenden Mitmenschen,
in das Spielen eines Instruments,
in den Artikel oder den Brief,
den wir schreiben müssen,
in das Feiern eines Festes …
Alles, wirklich alles
kann Ausdruck unserer Liebe zu Gott
und zu den Mitmenschen werden.

* * *

Dahin kommen, lebendiges Gebet zu werden … Es gibt diesbezüglich eine schöne Formulierung des Theologen Paul Evdokimov (1901–1970). Er schreibt, es genüge nicht zu beten, wir sollen vielmehr „Gebet werden, Gebet sein, uns als Gebet konstituieren". Zu Gebet werden, Gebet sein, wie Jesus es will, der uns rät: „Betet allezeit!" (Lukas 21,36). In vielen ist jene Liebe vorhanden, die das Leben in Gebet verwandelt, die uns selbst Gebet werden lässt.

* * *

Ein Leben in der Liebe nährt das Gebet – und umgekehrt: Das eine ist, wie Chiara in einem anschaulichen Bild verdeutlicht, Wurzel und Frucht des anderen ...

Wir haben ein inneres Leben und ein Leben nach außen. Das eine ist die Blüte des anderen; und zugleich ist jedes des anderen Wurzel; jedes ist – wenn wir unser Leben im Bild des Baumes betrachten – die Krone des anderen. Das innere Leben wird vom Leben nach außen genährt. Je mehr ich auf den Nächsten zugehe und ihn von innen her verstehe, desto näher komme ich Gott, der in mir lebt. Je tiefer ich mit Gott in meinem Innern verbunden bin, desto tiefer begegne ich dem Nächsten.

Gott – ich – der Mitmensch: das ist ein ganzer Kosmos ... Das innere Leben (das Leben mit Jesus in uns) bringt das Leben nach außen zum Blühen; und umgekehrt kommt das Leben nach außen (das Leben mit Jesus im Nächsten) dem inneren Leben zugute.

Das Leben des Christen entfaltet sich in der Liebe zu Gott und zu den Mitmenschen. Wer beide Aspekte lebt, geht auf dem Weg der Heiligung voran.

Manchem fällt es leichter, sich den Mitmenschen zuzuwenden als Gott; doch dies könnte zum Aktivismus verleiten. Auf das richtige Gleichgewicht kommt es an.

Gewiss, das christliche Leben hat eine persönliche und eine gemeinschaftliche Dimension. Doch am Ende unseres Lebens werden wir nicht zusammen mit den anderen, als Gemeinschaft, vor Gott hintreten, sondern ihm allein gegenüberstehen. Wird unsere Liebe so gewachsen sein, dass wir uns spontan ihm zuwenden, den wir immer hätten lieben sollen?

ALLEZEIT BETEN –
VOR JEDEM TUN EIN „FÜR DICH!"

„Für dich!" war ein geläufiges Motto für Chiara: Alles für Gott, für Jesus zu tun – und damit allem Tun eine kontemplative Note zu geben. Was nichts Frömmlerisches meint, sondern sehr konkretes Dasein mit Herz und Hand, mit Muskeln und Verstand – im untergründigen Bewusstsein Seiner Gegenwart. Für Gott, zu seiner Ehre, zu seiner Freude. Und das kann jede(r) im je eigenen Beruf, Umfeld, Milieu. Egal, wer und wo. Klaus Hemmerle formulierte es exemplarisch, als er das Kostbarste der Glaubenserfahrung von Arbeitern und Arbeiterinnen so benannte: „Sie nehmen das Wort wörtlich, das Herz herzlich und die Tat tätlich."[13] Das ist gebetetes Leben – in aller Einfachheit, Tiefe und Nüchternheit.

Am Ende eines Tages, an dem wir uns intensiv unseren Mitmenschen zugewandt haben, schenkt uns der Heilige Geist oft die Erfahrung einer tiefen Einheit mit Gott. Dies ist Gebet im eigentlichen Sinn, etwas, was uns besonders kostbar sein sollte. Dieses Gebet können wir nähren, wenn wir aus Liebe zu Gott unsere Nächsten lieben und jedem Tun ein *„Für dich, Jesus"* vorausschicken.

---

13 Zitiert nach: Klaus Hemmerle, Menschliches & manches mehr. Hg. von Hanspeter Heinz, München, Neuausgabe 2018, Nr. 40.

Man kann ihm auch sagen: „Nimm es als Zeichen meiner Liebe!"; es ist wie eine Liebeserklärung an Jesus.

Voller Freude stelle ich fest, dass ich so auch mitten im Tun und bei der Arbeit „beten" kann. Diese Art zu beten ist wie gemacht für jeden, der mitten in der Welt lebt und viel mit anderen Menschen zu tun hat.

* * *

Ich lebe im Glauben an den Sohn Gottes,
der mich geliebt
und sich für mich hingegeben hat."

(Galater 2,20)

Was Paulus hier sagt, kann jeder auf sich selbst beziehen: „Für mich" hat Christus sich hingegeben.

Jesus,
wie sollte ich nicht alles daransetzen,
um auf diese Liebe zu antworten?
Herr, so gib, dass ich in der Zeit,
die mir noch bleibt,
dir sagen kann:
„Für dich!"

Alles für dich ...

Die Zeit entflieht mir schnell.
Herr, nimm mein Leben an!
Dich trage ich im Herzen;
du bist der Schatz,
der mein Leben beseelen soll.
Begleite mich und achte auf mich.
Dein ist mein Lieben:
meine Freude und mein Leid ...
In dir verborgen wie in einem Tabernakel,
will ich leben und mich mühen für alle.
Nur für dich
soll meine Hand sich rühren,
dir gehöre jeder Laut meiner Stimme.
Durch mich armseligen Menschen
kehre deine Liebe, Herr, zurück
in die Wüsten der Welt ...
Erhelle, göttliche Weisheit,
die dunkle Trauer von vielen, von allen.
Maria leuchte auf.

* * *

Mit einem „Für dich!" können wir Jesus all unser Tun schenken – im Bewusstsein, damit am Schöpfungsakt Gottes und am Erlösungswerk Jesu teilzuhaben. Wir tragen dadurch dazu bei, dass sich der Plan Gottes mit der Welt verwirklicht. Unser Tun wird auf diese Weise zu einer heiligen Handlung. Ist das nicht die Gebetsform, die der heutigen Zeit am meisten entspricht? Sie schließt die Entwicklung der Welt, ja des Universums mit ein und ruft dem Menschen ins Bewusstsein, dass er sich „die Erde [in rechter Weise, im Sinne Gottes] untertan machen" soll (vgl. Genesis 1,28).

ALLEZEIT BETEN –
IM MITARBEITEN AN DER SCHÖPFUNG

Mitarbeiten an der Schöpfung: Auch die konkrete, gut und verantwortungsbewusst getane Arbeit kann Gebet werden ...

Wie kann unsere tägliche Arbeit zu einem ständigen Gebet werden? – Laut Franz von Sales ist eine Art zu beten das „Gebet des Lebens": Das Leben wird zum Gebet, indem wir Gott jede Handlung mit einem „Für dich!" schenken: „Für dich, Jesus, dieser Spaziergang, für dich esse ich zu Mittag", denn auch das trägt zum Leben, zum Weitergehen, zum Aufbau des Reiches Gottes bei.

Mir ist klar geworden, dass unsere Zeit ein ganz spezielles Gebet verlangt ... Früher hatte man ein statisches Weltbild, die Vorstellung von einem in sich ruhenden Kosmos. Man suchte die Gegenwart Gottes in den Sternen, in der Natur ... Man suchte die Kontemplation, Augenblicke der Sammlung, des Gebets in der Kirche, vor dem Allerheiligsten.[14] Heute weiß man durch die modernen Wissenschaften, dass die Welt in einer ständigen Evolution begriffen ist. (Auch in der Kirche wirkt sich der Einfluss der Wissenschaft aus, denken wir etwa an die vielen Hilfen, um die Heilige Schrift zu verstehen.)

Alles verändert sich, ist auf seine Vollendung ausgerichtet, und der Mensch steht mitten in diesem Entwicklungsprozess, auch er ist da miteinbezogen; er kann darum nicht stillstehen und nur „schauen". Die Erschaffung der Welt setzt sich fort durch die Erhaltung und Weiterentwicklung alles Geschaffenen. Der Mensch ist dazu gerufen, mit Gott an dieser Evolution der Schöpfung mitzuwirken.

Darum ist alles Tun – in der Schule, im Büro, in der Fabrik ... – ein Mitwirken mit Gott, dem Schöpfer, bei der Gestaltung und Vollendung der Welt. Seien wir uns bei unserer Arbeit dessen bewusst, dass wir durch sie am Schöpfungswerk Gottes teilhaben. Es ist also ein heiliges Tun; durch uns setzt Gott seine Schöpfung fort, durch uns gestaltet er die Welt.

---

14 Das alles hat auch weiter seine Bedeutung, wie Chiara an anderer Stelle oft herausgestellt hat.

Wenn wir Gott all unser Tun mit einem „Für dich" schenken, könnte die Gefahr bestehen, dass wir nur dem geistlichen Aspekt Bedeutung geben; unser konkretes Engagement, das heißt gute Arbeit zu leisten und sie auch zu Ende zu führen, könnte zu kurz kommen.

Aber wenn uns bewusst ist, dass nicht nur unsere innere Haltung, sondern auch die praktische Arbeit zum Gebet werden kann, weil wir als Werkzeuge Gottes die Schöpfung weiterführen, dann wird gerade das Tun zum Gebet. Unser Handeln ist somit heilig, ist Gebet.

Wie also kann unsere tägliche Arbeit zum ständigen Gebet werden? Indem wir sie Gott schenken und im Bewusstsein, dass wir mit Gott an der Schöpfung der Welt mitwirken, gut tun.

ALLEZEIT BETEN –
„JESUS SEIN"

In einem kühnen Wort spricht Chiara davon, dass eine, ja *die* Weise, allezeit zu beten, darin bestehe, „Jesus zu sein". Das heißt „heruntergebrochen" zunächst einmal, uns an ihm, an seiner Ausrichtung auf den Vater zu orientieren. Oder, in einer anderen Akzentuierung, mit ihm „zusammenzuarbeiten".

„Jesus sein" meint für Chiara aber noch mehr: ihm mehr und mehr in uns und unter uns Raum geben, bis wir mit Paulus sagen können: „Nicht mehr ich lebe, sondern Christus lebt in mir" (Galater 2,20).

Oft suchen wir mühsam nach Wegen,
um zu Gott zu finden;
wir wollen ja nicht stehen bleiben,
sondern vorankommen
auf dem Weg der Heiligung.
Aber wozu nach Wegen suchen,
wenn Christus der Weg ist (vgl. Johannes 14,6)?!
Er, der ewig Gegenwärtige,
ist in jedem Augenblick unseres Lebens da
und wartet nur darauf,
mit uns „zusammenzuarbeiten" …

Transparent für Gott
sei unser Herz und sei unser Geist …

Er möge durchscheinen aus unseren Worten,
unserem Tun und unserem Schweigen,
aus unserem Leben und Sterben,
solange wir in der Welt sind
und wenn wir sie einmal verlassen haben.

Wo immer es uns möglich ist,
sollen wir die Leuchtspur seiner Gegenwart
hinterlassen.

* * *

Jesus, das menschgewordene Wort Gottes, wird im Johannesevangelium „der Einzige" genannt, „der Gott ist und am Herzen des Vaters ruht …" (Johannes 1,18). Das bedeutet: Er ist ganz dem Vater, dem Herzen des Vaters zugewandt. Jesus, der Sohn, der Logos, das „Wort", liebt den Vater. Immer hat er den Willen seines Vaters im Himmel erfüllt. Er redete nur von dem, was er zuvor vom Vater gehört hatte. Immerzu sprach er vom Vater, lebte ganz in ihm. Jesus hat das Werk vollbracht, das der Vater ihm aufgetragen hatte.
Eine solche Haltung gegenüber Gott sollten auch wir einnehmen, wenn wir den Wunsch haben, ihn

wirklich zu lieben: auf Gott ausgerichtet sein, auf ihn hören, ge-horchen, tun, was er will, damit er auch durch uns wirken kann.

* * *

Den anderen Menschen Gott bringen können nur jene, in denen er lebt, und er lebt in denen, die ihn lieben. Solche Menschen sind wie kleine Sonnen in einer oft dunklen, oberflächlichen Welt; sie weisen vielen den Weg und strahlen Wärme aus ... Denn ihr Leben gehört ganz dem Herrn; nicht mehr sie reden, sondern er; nicht mehr sie leben, sondern er in ihnen.

* * *

JESU BETEN – UNSER BETEN

Auch Jesus hat gebetet und mit seinem Vater im Himmel gesprochen:

„Abba – lieber Vater!"

Mit grenzenlosem Vertrauen und voller Zuneigung sprach er mit ihm.

Jesu Leben in der Ausrichtung auf den Vater wird in den Schriften des Neuen Testaments an vielen Stellen deutlich, man denke nur an die große Klammer, die sein irdisches Leben umfasst: Beim „Eintritt in die Welt", so der Hebräerbrief, sagt er: „Siehe, ich komme, um deinen Willen, Gott, zu tun" (Hebräer 10,7.9), und am Ende seines Lebens: „Vater, in deine Hände lege ich meinen Geist" (Lukas 23,46).

Jesu „Speise" war es, „den Willen Gottes zu tun" (Johannes 4,34). Immer wieder hat er auch das direkte Gespräch mit dem Vater gesucht – nachts, „auf dem Berg", in der Stille und Einsamkeit, zumal vor wichtigen Entscheidungen, in wichtigen Momenten. Die Evangelien sind voll von diesen Zeugnissen (vgl. z. B. Markus 1,35; Matthäus 14,23).

Und immer wieder wendet Jesus sich an Gott mit dem Wort „Vater": „Ich preise dich, Vater ... Ja, Vater" (Matthäus 11,25f); „Vater, ich danke dir ..." (Johannes 11,41), „Vater, vergib ihnen ..." (Lukas 23,34). Sein großes Gebet in Johannes 17 ist voll von dieser Anrede. Gott ist für Jesus der Vater, *sein* Vater – und damit und auch, wenn auch auf andere Weise, *unser* Vater. „So sollt *ihr* beten", sagt er in der Einleitung zum Vaterunser (Matthäus 6,9). *Abba, Vater!*, das ist die Gottesanrede der Christen (vgl. Römer 8,15; Galater 4,6).

„Abba", das war auch das Wort, das Chiara zu Beginn einer Zeit tiefer mystischer Erfahrungen im Sommer

1949 über die Lippen kam, als sie sich eigentlich an Jesus wenden wollte. Ein intensives „Leben nach dem Evangelium" war vorausgegangen, im Wunsch, Jesus „in sich und in ihrer Mitte" Raum zu geben. Sie erzählt von dieser besonderen Erfahrung, die zu einer gemeinschaftlichen Erfahrung wurde, in der typischen Sprache der Mystik:

Ich gehe hinein [in die Kirche] und trete vor den Tabernakel. Und ich setze dazu an, mich an Jesus in der Eucharistie zu wenden und ihn anzusprechen: „Jesus". Aber es gelingt mir nicht. Denn jener Jesus, der im Tabernakel zugegen war, war auch hier, in mir; auch ich war er; ich war er, eins geworden mit ihm. Mich selbst konnte ich daher nicht ansprechen. Und da merkte ich, wie mir spontan das Wort „Abba – Vater" über die Lippen kam. Und im gleichen Augenblick fand ich mich im Innern des Vaters vor.[15]

* * *

Es ist bemerkenswert, dass die einzige Stelle, in der in den *griechischen* Evangelientexten das vertraut-familiäre aramäische Wort *Abba* (lieber Vater, Papa) überliefert ist, ausgerechnet die Episode im Ölgarten zu Beginn der

---

15 Zitiert in: Stefan Tobler/Judith Povilus, Dreifaltige Einheit. Über die mystische Erfahrung von Chiara Lubich, München 2021, 44. Zur Einbettung und Einordnung vgl. ebd., 42ff.

Passion ist (Markus 14,36). Der Vater, Jesu Ein und Alles, überlässt ihn der Todesangst. Mit der Anrede „Abba" tritt Jesus den Leidensweg an, mit dem Schrei „Mein Gott, mein Gott, warum hast du mich verlassen" stirbt er. Darauf ist zurückzukommen, zumal die Gottverlassenheit des Sohnes für Chiara und ihr Beten zentrale Bedeutung hat.

Hier ist festzuhalten: Indem wir uns von Jesus leiten lassen, ihn in uns leben lassen, treten auch wir ein in die Vertrauensbeziehung zu seinem und unserem Vater. In theologischer Ausfaltung gesagt: Wir werden – im Heiligen Geist – hineingenommen in das Leben des dreifaltigen Gottes, was auch immer kommen mag. Pasquale Foresi hat es in Anknüpfung an Chiara und ihre mystische Erfahrung so formuliert:

„Dies ist unser wahres Leben: Wir sind berufen, ,im Schoß des Vaters' zu leben. Wir sind berufen, Jesus zu folgen und mit ihm bei seinem und unserem Vater zu sein, in dieser ,göttlichen Familie'. Das Gebet ist wie ein ,Gespräch daheim'. Auch unser Beten sollte zu einem Gespräch in unserem wahren Zuhause werden. Der Weg dahin führt über das Leben – ein Leben, das ganz auf Gott ausgerichtet ist."[16]

---

16 Pasquale Foresi, Beten, 42. Zu Jesu Beten und unserem Beten vgl. auch: Il respiro dell'anima. 14f.

Leuchte immer in unserem Herzen,
sei du unsere Mitte,
auf dass alles um dich kreist,
hingeordnet auf dich.
Dann fragen wir nicht nach Wie und Wo,
dann kennen wir kein Wenn und Aber:
Dies alles kümmert uns nicht mehr.

Gott in mir, in dir und unter uns

Dimensionen kontemplativen Lebens in der Welt

GOTT IST IN MIR! – „DRINNEN LEBEN"

„Wisst ihr nicht, dass euer Leib ein Tempel des Heiligen Geistes ist, der in euch wohnt?", fragt Paulus (1 Korinther 6,19).

Gott wohnt in uns, in unserem Innersten! Er, der Schöpfer des Alls, der unendliche Gott, wartet nur darauf, dass wir das Gespräch mit ihm suchen. Teresa von Avila sprach von der Übung des Sich-in-sich-selbst-Zurückziehens: „Wichtig ist, dass wir daran denken, dass er uns nahe ist", mehr noch: dass er „in uns ist". „Mitten in unserer Arbeit sollen wir uns innerlich in uns selbst zurückziehen. Wenn wir nur kurz an den denken, d e r i n u n s i s t, erreichen wir schon viel" (Weg der Vollkommenheit).

Doch oft ist uns das nicht bewusst. Wohl deshalb hat Chiara – fast könnte man sagen: mit schöner Regelmäßigkeit und mit liebevollem Drängen – dazu ermutigt, doch wieder mehr „drinnen zu leben", im lebendigen Kontakt mit Gott in unserem Herzen, und uns nicht zu verlieren im Aktivismus oder einem oberflächlichen Vor-sich-hin-Leben.

Glaube es, Gott lebt in dir!
Deine Seele ... ist
Wohnung des Heiligen Geistes: Gott, der heiligt.
Gehe in dich:
Suche Gott, deinen Gott, der in dir lebt!
Wenn dir doch bewusst wäre, wen du in dir trägst!
Wenn du doch alles für ihn lassen würdest ...
Wenn du doch dieses kurze Dasein,
das so schnell vergeht
und mit jedem Tag ein wenig mehr entflieht,
auf Gott ausrichten würdest ... –
dann würdest du dich in Gott verlieben
und durch die Welt gehen
als Künder der Frohen Botschaft.

* * *

Wir tragen einen ungeheuren Schatz in uns ...
In uns ist Gott, die heiligste Dreifaltigkeit,
und wir haben die Möglichkeit, mit ihr zusammen
zu sein ... Wenn wir die „äußeren Tore" unserer
Seele schließen und die nach innen öffnen, können wir im Gespräch mit ihr sein; wir sind eingela-
den, im Himmel in uns zu verweilen, wo der Ewige
lebt ...

Die Dreifaltigkeit – in mir!
Ein wahrer Abgrund – in mir!
Der Unermessliche – in mir!
Ein Abgrund an Liebe – in mir!
Der Vater, den Jesus uns verkündet hat, in mir!
Das Wort!
Der Heilige Geist in mir …
Ich möchte mich hineinverlieren in diese „Sonne",
leben mit dem, der das Ewige Leben ist.

* * *

Im Bewusstsein der Präsenz des dreieinen Gottes hat Chiara das Gespräch, die Beziehung mit dem Vater, dem Sohn und dem Heiligen Geist je auf eigene Weise gesucht und empfohlen. Wenn von den drei göttlichen „Personen" die Rede ist, so ist das nicht in dem Sinn zu verstehen, wie wir das Wort gewöhnlich verwenden. In gegenseitigem „Innewohnen" sind sie *der eine Gott*, der die Liebe ist in der Einheit und Unterschiedenheit von Liebendem (Vater), Geliebtem (Sohn) und der Liebe selbst (Geist), um ein beliebtes Bild zu gebrauchen.

Wir tragen einen ungeheuren Schatz in uns; wir haben versucht, dies in Bildern zu beschreiben: als unermesslichen Abgrund in unserem Innern, als eine göttliche Sonne. In uns ist Gott, die heilige Dreifaltigkeit, und wir haben die Möglichkeit, mit ihr zusammen zu sein; wir können den Anruf verspüren, uns ganz in sie hineinzuverlieren.

Der Vater. Wir haben einen Vater. In unserem Innern ist ein Vater: jener himmlische Vater, der die Schöpfung ins Sein rief und erhält, den ganzen Kosmos, in den wir eingetaucht sind wie ein Tropfen im Ozean; dieser Vater lebt in unserem kleinen Herzen. An ihn richtet sich das göttlichste Gebet, das wir sprechen können: das Vaterunser. Wir rufen ihn im Namen Jesu an und werfen all unsere Sorgen auf ihn (vgl. 1 Petrus 5,7). Wie oft hat er sie uns abgenommen, lösten sie sich in seiner Liebe. Einem Vater vertraut man voll und ganz; ein Vater schenkt Halt, Sicherheit, man wirft sich wie ein Kind in seine Arme.

Das göttliche Wort. Auch das Wort ist in uns, der Sohn Gottes, der in Jesus Mensch geworden ist: Jesus ist in uns. Unsere Beziehung zu ihm ist sehr vielfältig. Wir haben gelernt, ihn in den verschiedenen Weisen seiner Gegenwart zu lieben: in der Eucharistie, in seinem Wort, in der Einheit, im Mitmenschen, im Armen, in den Vertretern der Kirche …, in der Tiefe unseres Herzens. Nicht zuletzt erkennen und lieben wir ihn in seiner Verlassenheit. Er war es, der uns in den Prüfungen unseres Lebens Halt gab – in allen! – und der uns zeigte, wie wir sie überwinden konnten, damit wieder Licht, Friede und Kraft in unser Leben zurückkehren konnten …

Der Heilige Geist. Wir kennen die göttlichen Wirkungen seiner Gegenwart: in den Einzelnen wie in Gemeinschaften, die durch seine Gegenwart, in dieser so besonderen „Atmosphäre", erneuert werden. Ihm können wir uns rückhaltlos anvertrauen, so als würden wir zu uns selbst reden …; er schenkt uns Weisheit und die rechten Worte; er tröstet und stärkt; er liebt uns als wahrer Freund.

* * *

Ich darf nie vergessen,
dass die eigentliche Wirklichkeit in mir ist
und dass ich den Brüdern und Schwestern
vor allem das lebendige Wasser geben soll,
das aus dem Grund der Seele quillt:
die leise Stimme Gottes,
die uns anspornt und erleuchtet.

* * *

Im Innern leben
und innerlich wachsen,
frei von allem … –
verwurzelt im Himmel
und fest verankert im Herzen Christi …
Wohnung nehmen im dreifaltigen Gott:
Auftakt des künftigen Lebens.

Im Innern leben
und dem Nächsten nur das lebendige Wasser reichen,
das aus dem Himmel in uns hervorströmt,
um so wahrhaft den Menschen zu dienen
und ihnen kein Ärgernis zu geben
mit unserer allzu geringen Heiligkeit.

Im Innern leben wie Maria,
die Unvergleichliche, die geliebte Mutter …

Im Innern leben,
damit Christus auch durch uns
sein Werk der Erlösung fortführe
in dieser närrischen Welt,
die leidet und hofft,
die vergessen will und sich fürchtet.

Im Innern leben,
um die Welt, die nur draußen lebt,
hineinzuziehen in die abgrundtiefen
Geheimnisse des Geistes,
wo man sich aufrichten und ausruhen,
sich stärken und Atem schöpfen kann,
um dann zurückzukehren in die Welt …

„DRINNEN LEBEN" – WIE MARIA

Häufig hat Chiara Maria als Musterbeispiel eines „drinnen lebenden Menschen" gesehen: als Hörende, offen für Gott und das, was er ihr sagen ließ durch den Engel, im Mitgehen mit ihrem Sohn – bis unters Kreuz, dann im Kreis der Apostel nach Jesu Tod. Maria ist für sie *das* Beispiel eines für Gott offenen, von ihm ganz erfüllten Menschen und somit ein Vorbild, das es „nachzuleben" heißt. Denn die schönste Verehrung der Mutter Jesu liegt in der Nachahmung dieser hörenden Haltung, dieser Offenheit für ihn und das, was *er* schenkt.

Wie wird Maria in der Heiligen Schrift beschrieben? Wie wurde sie von Künstlern aller Jahrhunderte gemalt, besungen und dargestellt? Als ein Mensch, der erfüllt ist von einer geheimnisvollen Schönheit, der einen ungeheuren Schatz in seinem Innern birgt: Gott.

Wenn ich Maria anschaue, werde ich von einer starken Sehnsucht nach Sammlung und Innerlichkeit ergriffen. Die vertraute Beziehung Marias mit Gott hat im Lauf der Geschichte zahllose Menschen fasziniert und in ihnen den brennenden Wunsch geweckt, allein zu sein mit Gott: *solus cum Solo*, wie eine bekannte Kurzformel es ausdrückt, „allein mit dem Einzigen".

Wie schön ist Maria in ihrer beständigen Sammlung, in der das Evangelium sie uns zeigt: „Sie bewahrte alles, was geschehen war, in ihrem Herzen" (Lukas 2,51). Dieses erfüllte Schweigen hat etwas Faszinierendes für den, der liebt. Doch wie können wir Maria darin nachahmen, wenn wir berufen sind, auch das Wort zu ergreifen, um das Evangelium zu verkünden …?

Auch Maria hat gesprochen. Sie hat der Welt Jesus gegeben. Niemand war ein größerer Apostel als sie … Und sie hat geschwiegen. Sie schwieg, weil nicht beide gleichzeitig sprechen konnten. Wie ein Gemälde die Leinwand, so braucht jedes Wort das Schweigen. Maria schwieg … Auf ihrem „Nichts" sprach Jesus und sagte – sich selbst …

Wie kann ich also Maria leben? Wie kann mein Leben etwas von ihrem Glanz gewinnen? – Ich versuche, selbst so still zu werden, dass auf diesem Schweigen der Geist Gottes sprechen kann. So lebe ich Maria, so lebe ich Jesus, das Leben Jesu auf dem Hintergrund Marias. Ich lebe Jesus, indem ich Maria lebe.

Gott!
Zunächst erwählen wir ihn
als das Ein und Alles unseres Lebens
und stellen alles andere beiseite,
weil es uns oberflächlich und unnütz vorkommt.
Dann betrachten wir mit seinen Augen
Menschen und Dinge,
Welt und Geschichte,
große und kleine Ereignisse ... –
und wir lieben ihn als den,
der in der Natur
und durch die Jahrhunderte hindurch
gegenwärtig ist.
Schließlich spüren wir,
dass er da ist auf dem Grund unseres Herzens.

Er, dessen Existenz wir
im Glauben angenommen hatten,
offenbart sich uns nun als Wirklichkeit
und lässt uns auf geheimnisvolle Weise
seine Gegenwart erfahren.
Jetzt glauben wir, dass er da ist,
weil er wahrhaftig *da ist*
auf dem Grund unserer Seele.

In der Anfangszeit unserer Bewegung orientierten wir uns an dem Motto: „Beten wie Engel und Arbeiten wie Lastträger" … – Heute könnten wir uns fragen, ob die Arbeit, oft auch die Überfülle an Arbeit mit dem ersten Teil im Gleichgewicht steht: Beten wir wie Engel? Wir wollen Gott gegenüber doch nicht undankbar sein, der uns den Weg zur Gemeinschaft mit ihm so leicht macht …

* * *

Herr, wir wollen uns bekehren!
Wenn wir bis jetzt
„draußen" gelebt haben,
so wollen wir von nun an
„drinnen" leben – wie Maria.
Denn selbst wenn wir aus Liebe zu Gott
den Nächsten dienen und unsere Arbeit tun,
so muss doch immer wieder
jene andere Bewegung hinzukommen,
die uns in die innere Tiefe zurückholt.
Sonst könnte unser Leben
in Zerstreuung und allerlei unnützes Gerede
münden …

Herr, manchmal zieht uns im Innersten etwas stärker an als tausend irdische oder geistliche Freuden; etwas von einer solchen Klarheit, so rein, dass selbst die Luft im Hochgebirge dagegen trüb erscheint.

Es ist ein leiser Ruf, eine lebendige Stimme, der man sich nicht entziehen kann; ein noch so erfülltes Leben wirkt dagegen wie sinnlose Zerstreuung.

„Ich werde nie eine Blume pflücken", sagte Johannes vom Kreuz und meinte, wir sollten nicht bei „irdischen Tröstungen" stehenbleiben.

„Ich werde nie eine Blume pflücken", das sagen dir aufs Neue die Menschen, die im Innersten die schönste aller Blumen haben aufblühen sehen – ein göttliches Wunder!

* * *

Wenn unsere Seele nicht in Gott verankert ist, wenn er nicht ihre Mitte ist, gleicht sie einem Rad, das nicht mehr richtig rund läuft ...

Wenn wir hingegen in Gott ruhen, bekommt all unser Tun Wert und Bedeutung; wir begegnen Menschen und Dingen in einer anderen Haltung, geprägt vom Göttlichen, von Seiner Liebe.

DER ANDERE: NICHT UMWEG,
SONDERN DIREKTER WEG ZU GOTT

Gott hat uns einen Weg gezeigt, wie wir ohne Umwege zu ihm gelangen können. Er hat uns mitten in die Welt gestellt; wir sind von keinen schützenden Klostermauern umgeben. Wir haben ständig mit Menschen zu tun: in der Schule, zu Hause, bei der Arbeit. Doch gerade sie, unsere Schwestern und Brüder, können – so ist mir neu bewusst geworden – unsere „Mauern" sein, die uns helfen, Gott zu begegnen.

Es geht darum, sie zu lieben, den ganzen Tag. Am Abend eines solchen Tages spüren wir oft die Einheit mit Gott … Und wir begreifen: Nicht wir waren ihre „Wohltäter", sondern sie waren die unseren: Ihnen, der Liebe zu ihnen haben wir es zu verdanken, dass wir die Einheit mit Gott erfahren haben … Dank unserer Mitmenschen können wir hinfinden zu Gott; sie werden zur Tür, durch die wir zu ihm gelangen.

Auch Jesus lebte mitten in der Welt, ebenso Maria und Josef. Sie können unser Vorbild in der Liebe sein; denn auch von uns möchte Gott ja ein Leben „mitten in der Welt". Machen wir uns bewusst: Die Nächsten können für uns „Wohltäter" sein!

W er seinen Bruder nicht liebt, den er sieht, kann Gott nicht lieben, den er nicht sieht" (1 Johannes 4,20).

Der Weg zu Gott sind die Schwestern und Brüder. Gerade in unserer Zeit sollten wir uns dessen bewusst sein!

Oft schenken wir dem anderen nicht die Aufmerksamkeit, die er von uns erwarten könnte. Wir lassen uns gefangennehmen von einer materialistisch geprägten Umgebung und ihren verlockenden Angeboten, verlieren uns in mancherlei Gerede und Diskussionen; wir meinen, wir müssten alles kennen, wissen und lesen ... Doch wirklich wichtig ist etwas anderes: „Vor allem haltet fest an der Liebe zueinander" (1 Petrus 4,8). Es ist die Liebe, die uns „aus dem Tod in das Leben" hinübergehen lässt (1 Johannes 3,14).

Zum *Leben* sind wir berufen; *Leben* sollen wir bringen – auch wenn die geschwisterliche Liebe immer wieder eine Anstrengung verlangt. Doch sie ist ja das charakteristische Kreuz des Christen.

* * *

S o mancher hat irgendwann einmal, vielleicht in der Jugend, die Faszination des Klosters verspürt. Ich denke nicht an die klösterliche Lebensform als solche, sondern an etwas, was hinter den Klostermauern in einer besonderen Dichte präsent scheint und selbst aus der Ferne spürbar ist: In diesen Gemeinschaften, die in der Welt verstreut sind wie die Sternbilder am nächtlichen Sternenhimmel, leuchtet das Licht der Gegenwart Gottes. Diese Gegenwart tritt so lebendig hervor, weil sie auf dem Hintergrund von Menschen aufscheint, die im Verborgenen ihr Leben Gott geschenkt haben. Auch im Schweigen sprechen sie zu den Herzen der Menschen; mit einer Sprache, die die Welt nicht kennt, erzählen sie vom Glück der Vereinigung mit Gott – einer tiefen Sehnsucht, die wir in uns haben.

Aber auch mein Zuhause kann die Atmosphäre dieser heiligen Stätten haben! Auch meine Wohnung kann ein Reich des Friedens werden, eine Wohnstatt Gottes inmitten der Welt.

Es ist nicht so sehr der Lärm von draußen, es sind nicht das voll aufgedrehte Radio der Nachbarn, nicht der Lärm der Autos oder das Werben der Marktschreier, die meinem Zuhause den Zauber nehmen; es ist vielmehr all der Lärm in meinem Innern, der meine Wohnung zu einem offenen, ungeschützten Marktplatz macht: Es fehlt der Schutz der Liebe.

Der Herr lebt in mir. Er möchte meine Handlungen leiten, mein Denken mit seinem Licht durchdringen, meinen Willen entflammen, mir Orientierung für mein Leben geben, gleich, was ich tue. Manchmal aber gibt mein Ich, mein Ego ihm keinen Raum. Erst wenn es Gott nicht mehr im Wege steht, wird er ganz von mir Besitz ergreifen und den Mauern auch meiner Wohnung den Glanz einer Abtei schenken, meinem Zimmer die Weihe einer Kirche, meinen Mahlzeiten die Feierlichkeit einer liturgischen Handlung, meinen Kleidern den Duft eines geweihten Gewandes; das Läuten an der Tür und das Klingeln des Telefons werden zu willkommenen Gelegenheiten zu einer Begegnung mit Schwestern und Brüdern, die das Gespräch mit Gott unterbricht und doch weiterführt.

So wird auf dem Schweigen meines Ichs ein anderer sprechen, auf dem Erlöschen meines Egos erstrahlt ein Licht, das weithin leuchten wird ... Andere Menschen werden kommen und mit mir den Herrn suchen, und durch unser gemeinsames liebendes Suchen wird das Feuer weiter entfacht, die „göttliche Melodie" wird stärker. Auch inmitten der Welt wird mein Herz nach nichts anderem mehr verlangen.

Christus wird „mein Kloster" sein, der Herr meines Herzens, Christus unter den Menschen.

Das Grundgesetz des Gottesvolks, die „Regel" für die ganze Kirche, ist das Gebot der Liebe. Wenn wir diese Liebe verwirklichen, als hätten wir nichts anderes zu tun, ergibt sich alles Weitere. Denn die Liebe erleuchtet und schenkt Klarheit für alles, was zu tun ist …

Am Abend eines Tages, den wir so gelebt haben, sind wir vielleicht müde, aber doch wie verwandelt: Unser Herz „brennt"; wir werden eine neue Begeisterung für das wunderbare Leben spüren, das Gott uns geschenkt hat.

* * *

Menschen, die sich um ein bewusstes Leben als Christen bemühen, sprechen oftmals von einem tief empfundenen inneren Frieden, den sie fast mit Händen zu greifen meinen; von einer Beständigkeit dieses Friedens, der alles umgreift, selbst einen tief empfundenen Schmerz … Der innere Frieden ist ein Kennzeichen der Einheit mit Gott … Der Weg dahin führt über die Liebe zum Nächsten, in dem uns Christus begegnet.

Zugleich gilt aber umgekehrt: Die Einheit mit Gott in uns ist die Wurzel, aus der als Blüte die Liebe zu den Mitmenschen hervorgeht.

Welch eigenartige Erfahrung, ein Rätsel für unseren Verstand: Den ganzen Tag über waren wir für die Schwestern und Brüder da, und am Abend haben wir den Herrn gefunden … In solchen Momenten wird der Glaube, der Glaube an seine Existenz, zur Gewissheit. Er hat unser Haus mit einer leisen Freude erfüllt, er ist unser Ein und Alles geworden; er selbst sagt uns, dass er da ist.

Die Liebe zu anderen führt nicht nur zu einer tieferen Beziehung mit Gott im Gebet, in umgekehrter Richtung ist Letzteres seinerseits Quelle der Liebe – einer Liebe „mit dem Herzen Jesu". Um diese Liebe *zu beten* ist Gebet im Sinne Gottes, der nicht zuletzt durch uns Menschen seine Liebe schenken will:

Gib mir, Herr,
dass ich dich lieben kann
mit einer grenzenlosen Liebe,
die deiner unendlichen Liebe ähnlich ist.
Gib mir, Herr,
dass ich dich liebe
mit deinem Herzen.

Herr, gib mir alle,
die einsam sind …
Wie sehr leidest du
unter all der Verlassenheit in der Welt …
Ich möchte alle lieben,
die krank und einsam sind.
Wer trocknet ihre Tränen?
Wer nimmt Anteil
an ihrem langsamen Sterben?
Wer nimmt sich ihrer Verzweiflung an?

Mein Gott,
lass mich in der Welt
sichtbares Zeichen
und Werkzeug deiner Liebe sein,
deine Arme,
die alle Einsamkeit der Welt an sich ziehen
und in Liebe umwandeln.

Die Formulierung verdient Beachtung: „… sichtbares Zeichen und Werkzeug", das ist es, was ein Sakrament ausmacht. Die Liebe hat in einem weiten und doch sehr tiefen Sinn sakramentalen Charakter, sie ist ein Zeichen für Gottes wirksame Präsenz in der Welt, und zwar derart, dass er in unserer Liebe selber zugegen ist und wirkt.

MIT IHM UNTER UNS:
KONTEMPLATIV INMITTEN DER WELT

Öfter heißt es, wenn Menschen zusammenkommen, um zu beten, wenn sie sich zum Gottesdienst versammeln, dass nun Jesus mitten unter ihnen sei. „Ja! Aber ...", hätte Chiara wohl gesagt. Für sie hat die Erfahrung der Präsenz Gottes, der Gegenwart Jesu inmitten der Seinen (vgl. Matthäus 18,20) eine Dimension, die zum einen weit über eine äußere Zusammenkunft hinausgeht – und die sich zum anderen keineswegs auf einen liturgischen Kontext beschränkt. „Wo zwei oder drei in meinem Namen versammelt sind ...", das heißt für Chiara: „... in meiner Liebe", einer Liebe im Sinne Jesu, gemäß seiner Liebe, die keine Grenzen kennt: „Wie ich euch geliebt habe, so sollt auch ihr einander lieben" (Johannes 13,34). Wer um die tiefe Bedeutung des „Namens" in der Bibel, im jüdischen Kontext weiß, der ahnt die Dimension der Formulierung: Leben „mit Jesus in unserer Mitte", das ist Leben mit ihm – in ihm.

Wie es den Weg „nach innen" gibt (Teresa von Avila spricht von der „inneren Burg"), so gibt es nach Chiaras Erfahrung auch ein kontemplatives Leben mit ihm unter uns (sie spricht von der „äußeren Burg"), den Weg „nach draußen zu Gott", könnte man sagen, den Weg zu Gott über das Miteinander in gegenseitiger Liebe. Wir müssen die Menschen nicht fliehen, um ins Gebet zu finden, um bewusst vor Gott zu stehen und mit Jesus auf dem Weg zu sein. Das Unterwegssein der Emmausjünger mit dem unbekannten Dritten, der ihnen den Sinn der Schrift und untrennbar damit verbunden ihr Leben erschloss (vgl. Lukas 24,13-35), steht exemplarisch für diese Erfahrung.

Durchs Leben gehen
wie die beiden Emmausjünger:
mit Jesus als dem Dritten unter uns …

* * *

Jesus hat mit seiner Menschwerdung den Himmel auf die Erde gebracht, indem er uns gelehrt hat, das Leben der Dreifaltigkeit zu leben. Er sagt von sich: „Wer mich gesehen hat, hat den Vater gesehen" (Johannes 14,9).

Wenn nun die Christen durch die gegenseitige Liebe untereinander eins sind, wie Jesus und der Vater eins sind, dann verwirklicht sich das Augustinus-Wort: „Siehst du die Liebe, dann siehst du die Dreifaltigkeit."

* * *

Lass uns verstehen, Herr,
wie wir dir eine bleibende Wohnstatt
bereiten können.
Lass das Feuer deiner Liebe
so in uns brennen,
dass wir einander lieben,
wie du es uns aufgetragen hast.
So bleibst du unter uns ...

VERSÖHNTE GEMEINSCHAFT

Wenn du deine Opfergabe zum Altar bringst und dir dabei einfällt, dass dein Bruder etwas gegen dich hat, so lass deine Gabe dort vor dem Altar liegen; geh und versöhne dich zuerst mit deinem Bruder, dann komm und opfere deine Gabe" (Matthäus 5,23f).

Gottesdienst und die Liebe zueinander, die immer wieder zur Einheit führt, dürfen auf keinen Fall auseinanderdividiert werden. Eine Gruppe von Christen, die nicht in Christus und in voller Gemeinschaft ist, kann nicht so Gottesdienst feiern, wie es dem Evangelium entspricht.

Das Zweite Vatikanische Konzil hat uns neu den Sinn für die Einheit in der Gemeinde ins Bewusst-

sein gerufen. Auf vielerlei Weise hat der Heilige
Geist uns die Frohbotschaft der Liebe wiederentde-
cken lassen. Und das war unbedingt nötig ... Über-
wiegend von einer individuellen Frömmigkeit geprägt, haben wir die gegenseitige Liebe in der
Gemeinde wenig betont. Sicher war ein gewisses
Verständnis für das Geheimnis der großen liturgischen Handlungen vorhanden, doch vieles blieb un-
verstanden, manches erschien als leere Form. Das
passiert, wenn die eigentliche Kraft des Christen-
tums, die Liebe, nicht zum Tragen kommt.

Es lässt sich nur erahnen, welche reiche liturgi-
sche Erfahrung ein wahrhaft geeintes Gottesvolk
hervorbringen könnte. Die Kirche könnte in ihrer
ganzen Schönheit aufleuchten und wie Jesus zu seiner Zeit viele Menschen anziehen.

* * *

Jesus sagt sehr klar: „Wenn du deine Opfergabe
zum Altar bringst und dir dabei einfällt, dass dein
Bruder etwas gegen dich hat, so lass deine Gabe dort
vor dem Altar liegen; geh und versöhne dich zuerst
mit deinem Bruder, dann komm und opfere deine
Gabe" (Matthäus 5,23f). Damit gibt er uns zu verstehen, dass es keine Gemeinschaft mit Gott, keinen
wahren Gottesdienst, kein echtes Gebet gibt ohne
die Versöhnung mit den Schwestern und Brüdern.

Das zeigt uns abermals, welchen Platz und welche Bedeutung Jesus der Liebe zu den anderen beimisst. Es heißt sich aufmachen, um ungeklärte Situationen, kleine Uneinheiten, alte Zwistigkeiten zu bereinigen ... Gott sei dafür gedankt, wenn das geschieht! Machen wir so weiter!

Ein eindrucksvolles Zeugnis, dass das Beten und der „Gottesdienst" auf der einen Seite und die lebendige Gemeinschaft (bis hin zur Gütergemeinschaft) auf der andern engstens zusammengehören, gibt die Apostelgeschichte:
„Alle, die gläubig geworden waren, bildeten eine Gemeinschaft und hatten alles gemeinsam. Sie verkauften Hab und Gut und gaben davon jedem so viel, wie er nötig hatte. Tag für Tag verharrten sie einmütig im Tempel, brachen in ihren Häusern das Brot und hielten miteinander Mahl in Freude und Einfalt des Herzens. Sie lobten Gott und waren beim ganzen Volk beliebt. Und der Herr fügte täglich ihrer Gemeinschaft die hinzu, die gerettet werden sollten" (Apostelgeschichte 2,44–47).
Diese Einheit von Leben und Beten in der Einmütigkeit der Gemeinschaft, dieser Einklang (der nie Gleichmacherei ist!) bleibt ein Ideal, das je neu anzustreben ist. Es geht wie gesagt um weit mehr als ein äußerliches Zusammenkommen, und sei es zum Gottesdienst ...

Im Namen Jesu vereint sein bedeutet, um seinetwillen vereint sein, um sein Gebot, die Liebe zu verwirklichen. Es bedeutet vereint zu sein, wie er es will. Selbst wenn wir aus edlen, vielleicht auch religiösen Motiven zusammenkommen, aber nicht in seinem Namen, ist Jesus nicht unter uns … Jesus ist unter uns, wenn wir in ihm vereint sind, in seinem Willen, der darin besteht, dass wir einander lieben, wie er uns geliebt hat. Das Wort Jesu: „Wo zwei oder drei in meinem Namen versammelt sind, da bin ich mitten unter ihnen" (Matthäus 18,20) ist mit einem anderen seiner Worte zusammen zu lesen: „Liebt einander, wie ich euch geliebt habe" (Johannes 15,12).

* * *

Wenn wir als Christen leben und einander lieben, erhalten wir bereits hier auf der Erde anfanghaft Anteil an der Herrlichkeit der Dreifaltigkeit. So können wir Gott „verherrlichen" und loben, wie es ihm gebührt, und wir ehren auch einander … Zur gegenseitigen Liebe gehört ja auch, die anderen wertzuschätzen und uns in aller Einfachheit mit ihnen zu freuen …

Wo die Liebe und die Güte wohnt, dort ist Gott; und wenn er zugegen ist, wissen wir, wem wir alles verdanken und wem alles Lob gebührt: ihm.

Leben in gegenseitiger Liebe ist gemeinschaftliches Gebet, Verherrlichung, Lobpreis Gottes nicht nur mit Worten! Es ist praktizierte „Spiritualität der Gemeinschaft" (Johannes Paul II.), die „den Blick des Herzens auf das Geheimnis der Dreifaltigkeit [lenkt], das in uns wohnt und dessen Licht auch auf dem Angesicht der Brüder und Schwestern neben uns wahrgenommen werden muss". Wo Kirche so lebendig wird, beginnt Wirklichkeit zu werden, was Jesus in seinem großen Gebet um die Einheit der Seinen (Johannes 17) erbeten hat: Da wird Gott die Ehre gegeben, da wird der Vater „verherrlicht".

„Die Kirche zum Haus und zur Schule der Gemeinschaft machen, darin liegt die große Herausforderung, die in dem beginnenden Jahrtausend vor uns steht, wenn wir dem Plan Gottes treu sein und auch den tiefgreifenden Erwartungen der Welt entsprechen wollen ... Vor der Planung konkreter Initiativen gilt es, eine Spiritualität der Gemeinschaft zu fördern ... Spiritualität der Gemeinschaft bedeutet vor allem, den Blick des Herzens auf das Geheimnis der Dreifaltigkeit zu lenken, das in uns wohnt und dessen Licht auch auf dem Angesicht der Brüder und Schwestern neben uns wahrgenommen werden muss. Spiritualität der Gemeinschaft bedeutet zudem die Fähigkeit, den Bruder und die Schwester im Glauben in der tiefen Einheit des mystischen Leibes zu erkennen, das heißt, es geht um ‚einen, der zu mir gehört‘, damit ich seine Freuden und seine Leiden teilen, seine Wünsche erahnen und mich seiner Bedürfnisse annehmen und ihm schließlich echte, tiefe Freundschaft anbieten kann. Spiritualität der Gemeinschaft ist auch die Fähigkeit, vor allem das Positive im anderen zu sehen, um es als Gottesgeschenk anzunehmen und zu schätzen ... Spiritualität der Gemeinschaft heißt schließlich, dem Bruder ‚Platz machen‘ können, indem ‚einer des anderen Last trägt‘ (Galater 6,2) und den egoistischen Versuchungen widersteht, die uns dauernd bedrohen und Rivalität, Karrierismus, Misstrauen und Eifersüchteleien erzeugen. Machen wir uns keine Illusionen: Ohne diesen geistlichen Weg würden die äußeren Mittel der Gemeinschaft recht wenig nützen. Sie würden zu seelenlosen Apparaten werden, eher Masken der Gemeinschaft als Möglichkeiten, dass diese sich ausdrücken und wachsen kann.“

Johannes Paul II., Novo millennio ineunte, 43

EXKURS: „CONSENSERINT"

Das sog. *Consenserint* ist eine Form des Gebets, die in der Fokolar-Bewegung von Anfang an praktiziert wird: „Vereint im Namen Jesu", wendet man sich in einem bestimmten Anliegen gemeinsam an den himmlischen Vater. Die Bezeichnung kommt von dem Wort Jesu: „Was auch immer zwei von euch auf Erden einmütig erbitten [lateinisch: *consenserint*], werden sie von meinem himmlischen Vater erhalten. Denn wo zwei oder drei in meinem Namen versammelt sind, da bin ich mitten unter ihnen" (Matthäus 18,19f). Demnach ist es der in der Einheit gegenwärtige Jesus, der den Vater bittet. Die Gnaden geistiger und materieller Art, die wir so erhalten haben, sind nicht zu zählen.

Der Kirchenvater Johannes Chrysostomos (gest. 407) sagte, niemand solle sich mit anderen zum Gebet vereinigen und den Herrn bitten „im Vertrauen auf seine eigene Tugendhaftigkeit, sondern im Vertrauen auf die Eintracht der Gemeinde, die Gott ganz besonders gefällt. Sie bewegt sein Herz und schenkt ihm Freude". Gott ist nicht „unbeweglich", wie auch Jesus ein Herz aus Fleisch hat. Die einträchtig betende Gemeinde bewegt Gottes Herz. „In der Tat", so Chrysostomos, „hat Jesus gesagt: ‚Wo zwei oder drei in meinem Namen versammelt sind, da bin ich mitten unter ihnen.' Was jemand nicht erhält, wenn er allein betet, empfängt er, wenn er zusammen mit der Gemeinde bittet. Warum? Was die Tugend der Einzelnen nicht vermag, erlangt man durch die Einmütigkeit." Gott hat weniger Gefallen am Individualismus als vielmehr an der Einheit.

Natürlich war uns immer klar, dass dieses Wort sich nur dann erfüllt, wenn man es im Zusammenhang mit dem ganzen Evangelium lebt. Bevor wir gemeinsam etwas erbitten, vergewissern wir uns der Liebe untereinander; das *Consenserint* ist für uns *das Gebet von Menschen, die das Evangelium leben, nicht eine magische Formel* für Leute, die etwas erreichen wollen.

Klaus Hemmerle schreibt im Blick auf Matthäus 18,19f: „Der Herr hat sich dem Einklang unserer Stimmen anvertraut. Wenn wir zusammenstimmen in seinem Namen, werden wir erhört und hören wir ihn, der in unserer Mitte ist." „Wo der Sohn ist, da ist *symphoneîn*, Zusammengehörigkeit, Übereinstimmung. Und es gilt auch die Umkehrung: Wo Übereinstimmung, wo Einheit und Versöhnung ist, da ist er. Wenn wir in seinem Namen eins sind, ist er da."[17]

---

17 Klaus Hemmerle, Dein Herz an Gottes Ohr, 29. 120.

Auch Bitten
ist Liebe

ALLES DEM SAGEN, DER UM ALLES WEISS

Alles können wir vor Gott tragen und ihm anvertrauen, alles können wir Jesus sagen, mehr noch: mit ihm besprechen! Denn auch er spricht zu uns, durch das Wort der Heiligen Schrift, in besonderer Weise durch das, was er uns im Evangelium sagt, durch Lebensumstände und andere Menschen, im Inneren, wenn wir in uns hineinhören ... Beten ist ja nicht Monolog, sondern Gespräch, Dialog – Hören und Sprechen; es kann zum erfüllten, schweigenden Beieinander-Sein werden, zum Hineingenommen-Werden in das Geheimnis Gottes, wie Mystiker bezeugen.

Oft freilich hat Beten zunächst die Form einer Bitte. Bitten ist keineswegs eine defizitäre, unvollkommene Art zu beten. Auch Jesus kennt die Bitte an den Vater, und er ermutigt ausdrücklich dazu. Das Vaterunser ist vertrauensvolles Bittgebet.

Bitten ist Ausdruck unserer Bedürftigkeit, im Bitten lassen wir Gott groß sein, Bitten ist Bekundung von Liebe und Vertrauen, ohne dass wir damit die eigene Verantwortung auf Gott abwälzen würden. Was das Bittgebet ausmacht, hat Klaus Hemmerle einmal so ausgedrückt: „Gebet greift nach Gottes Hand, welche allein die Welt verändert. Im Gebet greift Gott nach unserer Hand, um die Welt zu verändern."[18]

---

18 Klaus Hemmerle, Dein Herz an Gottes Ohr, 139.

Jesus selbst rät uns nachdrücklich
zu bitten:
„Bittet und es wird euch gegeben;
sucht und ihr werdet finden;
klopft an und es wird euch geöffnet!" (Matthäus 7,7)
Bitten also, schon weil Jesus es so will!
Auch darin werden wir ihm unsere Liebe zeigen!

* * *

Uns kann der Gedanke durch den Kopf gehen,
warum wir trotz allem, was uns geschenkt ist,
trotz aller Hilfe seitens der Schwestern und Brüder,
trotz aller Vorsätze und Entschlüsse so „langsam",
so wenig großzügig in der Liebe sind, im Leben der
Tugenden, im Überwinden von Versuchungen …
Die beste Antwort auf diese mögliche Frage gibt
uns Jesus: „Ohne mich könnt ihr nichts tun."

(Johannes 15,5)
Wer betet, wer bittet, der bekundet, dass er nicht allein auf die eigene Kraft baut.

* * *

Wenn ihr Glauben habt und nicht zweifelt …
und zu diesem Berg sagt: Heb dich empor
und stürz dich ins Meer!, wird es geschehen."

(Matthäus 21,21)

Wie viele Bitten haben wir schon an dich gerichtet, Herr: in persönlichen und verborgenen wie in allgemein bekannten Anliegen ... Wie viele „Berge" wollten wir schon von dir versetzt wissen!

Jetzt bitte ich dich: Versetze den Berg unserer Unvollkommenheiten und Unterlassungen! Schaffe Raum in uns für all die Gnaden, die du der Welt schenken möchtest und die sie nicht annimmt.

Versetze den Berg der Unsicherheit, die uns manchmal erfasst, und schenke uns eine unerschütterliche Hoffnung, jene göttliche Tugend, die eine ganz eigene Sicherheit verleiht.

Heb hinweg den Berg der Hindernisse, die das leuchtende Bild deiner Kirche verdecken ...

Versetze den Berg des geistigen Hochmuts und gib uns den echten, tiefen Glauben der Einfachen und Bescheidenen ...

Nimm der geängstigten Menschheit die Angst vor dem Krieg – ein großer Berg in unserer Zeit! –, und gib ihr den Frieden, um den wir alle dich bitten.

Schaffe alles weg, worum du selbst an unserer Stelle bitten würdest, damit dein Reich kommt und deine Herrlichkeit aufleuchtet.

Jesus weiß um alles.
Er liest in allen Herzen,
kennt die Gedanken eines jeden.
Wie tröstlich ist es, dies zu wissen,
wenn wir aus tiefster Seele
unsere Bitten vor ihn tragen,
wenn wir ihn loben
oder ihm unsere Liebe bekunden möchten.
Er weiß darum,
er vernimmt alles …

Jesus, der Gott ist,
weiß um alles.
Was für eine Ermutigung für den,
der betet!
Gott hört uns an.
Das genügt uns.
Ob er uns dann erhört oder nicht,
ist etwas anderes;
Gott weiß ja, was gut für uns ist.

„Ob er uns dann erhört oder nicht …" – hier klingt an,
dass eben nicht alle Bitten in Erfüllung gehen. Es liegt
nahe, den Grund in uns selbst zu suchen: Hatten wir
nicht genug Vertrauen? Haben wir nicht einmütig genug
gebetet? Haben wir uns mit einer allzu großen Dosis
Egoismus an Gott gewandt?

All das kann sein, und es ließen sich aus Chiaras Texten, Vorträgen, Tagebucheinträgen usw. etliche Stellen beibringen, in denen sie mal das eine, mal das andere anspricht und Voraussetzungen nennt, damit unsere Bitten (eher) Gehör finden. So sagte sie:

> „Es empfängt, wer in dem Bewusstsein bittet, dass wir nichts aus uns allein schaffen, das heißt wer mit Demut bittet, mit der Überzeugung, dass wir mit Gott alles vermögen. Es empfängt, wer im Vertrauen auf ihn bittet und wer mit Ausdauer bittet, mit dem Nachdruck der Liebe – wie Jesus es möchte."[19]

All das hat Chiara, wie sie öfter erzählt hat, immer wieder selbst erfahren, wie viele andere Menschen auch. Aber ein Automatismus ist es nicht: Auch inständige Bitten können „unerhört" bleiben. Wie bei Jesus im Ölgarten, wo er sich vor seinem Kreuzweg an seinen „Abba" wendet ...

---

19 Aus einer Telefonkonferenz vom 16.2.1984.

„UNERHÖRT"

Vater, alles ist dir möglich. Nimm diesen Kelch von mir! Aber nicht, was ich will, sondern was du willst (soll geschehen)" (Markus 14,36).

Auch Jesus hat an die Allmacht des Vaters appelliert, damit das Kreuz der Passion von ihm genommen werde …
Diese Worte gaben mir Frieden … Und nach und nach kamen mir ähnliche Schriftworte in den Sinn:

„Jetzt ist meine Seele erschüttert …"
(Johannes 12,27)
„Da ergriff ihn Furcht und Angst
und er sagte zu ihnen: Ich bin zu Tode betrübt."
(Markus 14,33)
„Selig die Trauernden;
denn sie werden getröstet werden."
(Matthäus 5,4)

Das Evangelium hat auch eine harte Seite; auch die gehört zu unserem Leben als Christen …
Also kann es Zeiten geben, in denen ich wiederholt und lange meine Bitten an Gott richte, ohne je erhört zu werden? – Ja, so ist es!

„Aus der Tiefe rufe ich ..."

Jesu Gottverlassenheit
und *unser* Leben und Beten

DER VERLASSENE JESUS
UND UNSER LEBEN UND BETEN

Der gekreuzigte und verlassene Jesus, der am Kreuz ruft (betet!): „Mein Gott, mein Gott, warum hast du mich verlassen?", ist ein Kernpunkt in Chiaras Spiritualität, die verborgene Rückseite jener dreifaltigen Einheit, aus der heraus und auf die hin sie lebte:

> „Das Buch des Lichts, das der Herr in meiner Seele schreibt, hat zwei Seiten: eine leuchtende Seite voll geheimnisvoller Liebe, die Einheit. Und eine Seite, die von einem geheimnisvollen Schmerz erhellt wird, Jesus der Verlassene. Es sind wie zwei Seiten einer einzigen Medaille."[20]

Leben, zu dem immer auch eine schmerzliche Seite gehört, und Beten gehören zusammen. Nicht zufällig ist die Klage eine der ursprünglichsten Gebetsweisen. Die Psalmen sind voll davon.

> „Aus der Tiefe rufe ich, Herr, zu dir ..."
> (Psalm 130,1)

---

20 Zitiert nach: Chiara Lubich, Der verlassene Jesus. Meditationsimpulse über das Geheimnis der größten Liebe, München 2016, 41.

Im Leben kann man vieles tun und vieles sagen,
doch die Stimme des Schmerzes,
stumm vielleicht
und von keinem beachtet,
aber aus Liebe geschenkt,
ist das eindringlichste Wort:
Es erschüttert den Himmel.

* * *

Unter einer Schneedecke verborgen,
reift das Weizenkorn zu neuem Leben.
Von Verlassenheit umhüllt,
reift die Seele in ihrer Einheit mit Gott.

* * *

Im Zusammenhang mit dem Gebet und möglichen „Wegen zur Einheit mit Gott" kam Chiara immer wieder auf den gekreuzigten und verlassenen Jesus, auf seine Liebe zu uns und unsere Liebe zu ihm zu sprechen. In einer schon zitierten Betrachtung sagt sie, an Jesus gewandt:

> „Ich suche dich und finde dich oft.
> Immer aber finde ich dich im Schmerz …"

Ihre direkt an den „verlassenen Jesus" gerichteten Gebete sind von besonderer Intensität, eindringlich und innig zugleich.

Ich suche dich und finde dich oft.
Immer aber finde ich dich im Schmerz. –
Ein Schmerz, gleich welcher Art,
ist wie der Klang einer Glocke,
die zum Gebet ruft ...
Wenn der Schatten des Kreuzes naht,
sammelt sich meine Seele
im Tabernakel meines Innern.
Sie vergisst den Klang der Glocke;
dich sieht sie, mit dir spricht sie.
Du bist es, der zu mir kommt.
Und ich antworte dir: „Herr, da bin ich ..."
In dieser Begegnung
spürt meine Seele nicht ihren Schmerz;
sie ist erfüllt von deiner Liebe:
umhüllt von dir,
durchdrungen von dir;
ich in dir, du in mir, bis wir eins sind.
Dann öffne ich die Augen wieder für das Leben,
für jenes Leben, das nicht das endgültige ist,
und von deiner göttlichen Kraft gestärkt,
stelle ich mich neu in deinen Dienst.

Kein Schmerz der Welt ist Jesus fremd. Er hat unsere Prüfungen auf sich genommen und identifiziert sich mit uns. Er begegnet uns in allem, was uns wehtut und Angst macht. Jede Situation, sei sie auch noch so schmerzlich und erschreckend, zeigt uns sein Antlitz.

* * *

In der Verlassenheit erscheint Jesus nur noch als Mensch: Nie war er dem Menschen so nah, nie hat er ihn also so sehr geliebt. Und zugleich war er nie dem Vater so nah; denn aus Liebe zu ihm stirbt er auf diese Weise. In seiner Gottverlassenheit verkörpert Jesus das Höchstmaß der Liebe zu Gott und zum Nächsten. Und weil darin „das Gesetz und die Propheten" zusammengefasst sind (vgl. Matthäus 7,12), können wir sagen, dass der verlassene Jesus jeden Wunsch, jedes Gebot Gottes voll und ganz erfüllt hat. Der verlassene Jesus ist somit der direkte Weg zur Heiligkeit; denn er stiftet Einheit mit Gott, dem Heiligen. Es genügt, auf ihn zu schauen und im gegenwärtigen Augenblick wie er zu leben: Darin ist alles zusammengefasst.

Schreien, Rufen ist ein Grundmotiv in den Psalmen. Jesu Schrei der Gottverlassenheit (Markus 15,34; Matthäus 27,46; vgl. Psalm 22,2) zeigt: Der Schrei kann Gebet in höchster Dichte sein. Mit einem weiteren, unartikulierten Schrei ist Jesus gestorben: Er „schrie mit lauter Stimme. Dann hauchte er den Geist aus" (Markus 15,37). Maria, seine Mutter, stand machtlos dabei …

Auch uns kann es ähnlich gehen wie Maria unter dem Kreuz ihres Sohnes: Ohnmächtig stehen wir vor einem Menschen, der gleichsam gekreuzigt ist; wir können ihm weder das innere noch das körperliche Kreuz abnehmen, das ihn an den Rand der Verzweiflung führt. Am liebsten würden wir selbst an seiner Stelle leiden …

Aber wir stehen machtlos dabei und leiden mit.

Für den Leidenden, den wir lieben, ist dies kein Trost, doch gewiss gelangt unser Mitleiden geradewegs zu Gott – als inständige Bitte um Erbarmen mit uns …

* * *

Was wäre unser Leben,
wenn wir nicht auf dich blickten, Herr,
der du auf wunderbare Weise
alle Bitterkeit in Freude verwandelst,
auf dich am Kreuz, der du schreist,
ausgespannt zwischen Himmel und Erde …

Zur Kälte geworden,
hast du dein Feuer auf die Erde geworfen;
zu Tode erstarrt,
hast du uns dein Leben geschenkt,
damit wir daraus leben ...
Uns genügt, zumindest ein wenig
dir ähnlich zu sein,
unseren Schmerz mit deinem zu vereinen
und ihn dem Vater zu schenken.

* * *

Ja, Herr,
wenn ich dem Kreuz begegne,
finde ich dich darin.
Danke, dass du mich zurückgerufen hast
zu dir – und nicht nur zu Dingen,
die mit dir zu tun haben.
Denn nichts zieht mich so sehr an
wie das Alleinsein mit dir.
Eines Tages werde ich zwangsläufig
allein vor dir stehen ...
Jetzt aber kann ich mich
in Liebe dafür entscheiden.
Herr, du vermagst alles;
in deinem Namen bitte ich dich
um dieses beständige Gespräch mit dir,
der du in mir lebst,

in dem Ereignisse, Menschen und Dinge
unsere Liebe tiefer werden lassen.
Dies ist wahres Leben:
ein Funke von dir,
Leben ohne Trug,
ohne Enttäuschung,
ohne Stillstand,
Leben, das nicht endet.

* * *

Immer dann, wenn uns Angst überkommt,
wenn uns ein Schmerz bedrückt,
sollten wir versuchen zu erkennen,
was sich dahinter verbirgt:
Es ist Jesus,
der in unser Leben eintreten möchte.
Es ist eines der vielen Gesichter,
mit denen er sich uns zeigt.
Geben wir ihm einen Namen:

Du bist es,
du, der verlassene Jesus,
der zweifelt;
du, der verlassene Jesus,
der verraten wurde;
du, der verlassene Jesus,
der krank ist …

Nehmen wir ihn auf,
geben wir ihm Raum in uns.
Und widmen wir uns dann dem,
was Gott von uns möchte:
lieben wir unseren Nächsten.
Wir werden entdecken:
Jesus ist uns wirklich immer nahe mit seiner Liebe.

* * *

Es kann und darf sein, dass uns die Worte ausgehen, dass wir im Schmerz verstummen. Ja, gerade diese Erfahrung kann zur tiefen Verbindung mit Jesus führen, der diese Erfahrung in aller Abgründigkeit kennt:

In allen körperlichen und seelischen Schmerzen können wir den verlassenen Jesus entdecken: Sie sind ein Schatten seines grenzenlosen Schmerzes.

In seiner Verlassenheit am Kreuz gleicht Jesus der Gestalt des Verstummten: Er kann nicht mehr sprechen, er weiß nichts mehr zu sagen:
„Zum Nichts bin ich geworden,
und ich verstehe es nicht" (Psalm 73,22, *Vulgata*).

Er verkörpert den Blinden: Er sieht nichts.
Und den Tauben: Er hört nichts.
Er ist der Müde, der nur noch klagt.

Er scheint verzweifelt.
Er hat Hunger … nach der Einheit mit Gott.
Er verkörpert den Enttäuschten und Verratenen
und scheint gescheitert zu sein.
Er hat Angst; er hat die Orientierung verloren.
In seiner Verlassenheit verkörpert Jesus
die Dunkelheit, die Traurigkeit, den Widerspruch:
alles, was unverständlich und absurd ist;
denn er ist ein Gott, der um Hilfe schreit.
Er ist der Nicht-Sinn.
Er ist der Einsame, der Verstoßene,
der zu nichts mehr nütze scheint …

* * *

Damit wir das Licht hätten,
hast du die Dunkelheit erlebt.

Damit wir die Einheit hätten,
hast du die Trennung vom Vater erfahren.
Damit wir die Weisheit besäßen,
bist du „Torheit" geworden.

Damit wir mit Unschuld bekleidet würden,
bist du zur „Sünde" geworden (2 Korinther 5,21).

Damit Gott in uns wäre,
hast du die Ferne von ihm erfahren.

WANDLUNG

Es ist nicht wahr, Herr,
dass das Leben nur aus Schmerz besteht.
Es ist nicht wahr, Herr,
dass das Kreuz alle Tage unseres Lebens
überschattet und bitter macht.
Gewiss, der Schmerz ist für die,
die dich lieben, von unersetzlichem Wert.
Aber wer dir folgt, findet nicht nur Schmerz.
Wenn wir dir folgen,
sehen wir vor allem dich.
Du bist die Liebe
und verwandelst jeden Schmerz.
So können wir weitergehen
mit neuer Freude,
mit nie gekannter Kraft und Entschiedenheit.

Gerade im Gebet lässt sich, selbst wenn sich äußerlich
nichts ändern sollte, nicht selten eine solche Wandlung
erfahren. Denn „in allem Schrei, in aller Gottferne in uns
und um uns dürfen wir dem begegnen, der dies angenommen und in Gebet verwandelt hat" (Klaus Hemmerle)[21]. So kann gerade aus schwierigen Zeiten ein neues,
„beständiges Zwiegespräch mit Gott" erwachsen, wie
Chiara bezeugt:

---

21 Klaus Hemmerle, Dein Herz an Gottes Ohr, 55.

Manchmal kann das Leiden bis zur Zermürbung führen. Auch dies ist ein Antlitz des am Kreuz verlassenen Jesus. Man kann an einen Punkt des Leidens kommen, an dem das Gespräch mit den Menschen unterbrochen ist und nur das beständige Zwiegespräch mit Gott bleibt, das wie ein kostbares Destillat aus dem Leiden hervorgeht.

* * *

Wer das Vorzimmer des Kreuzes durchschritten hat,
kennt deine leise Gegenwart;
zum Greifen nah bist du seiner Seele,
und dein Dasein erfüllt sie
mit einem besonderen Klang.

* * *

Ich weiß noch gut, Herr,
wie ich dir begegnet bin:
Damals machte ich mir keinerlei Gedanken,
wie ich dich lieben könnte.
Du warst einfach da,
kamst auf mich zu
und hast mein Herz erfüllt.
Ich weiß noch, dass ich manchmal
vor Liebe zu dir brannte.

Gewiss spürte ich hin und wieder
auch die Bürde meines Menschseins,
und mit deiner Gnade
begriff ich schon damals ein wenig,
wer ich bin – und wer du bist.
So verstand ich:
Die brennende Liebe in meinem Herzen
ist dein Geschenk.
Dann hast du mir
einen besonderen Weg gezeigt,
wie ich dich finden kann:
„Im Kreuz, in jedem Kreuz
möchte ich dir begegnen.
Umarme es: Dort findest du mich!"
Wie oft hast du mir das gesagt …
Du hast mich überzeugt!
Traf mich ein Schmerz, dachte ich an dich,
und mit dem Willen sagte ich dir mein Ja …
Später hast du mich gelehrt,
dich in den Schwestern und Brüdern zu lieben.
Traf mich ein Schmerz,
hielt ich mich nicht dabei auf.
Ich sagte Ja
und wandte mich meinem Nächsten zu …
So ging es Jahr um Jahr …
Jetzt ist die Liebe anders.
Es ist nicht mehr nur eine Sache des Willens …

IN KOLLEKTIVER NACHT-ERFAHRUNG

Nicht nur als Einzelne, sondern auch als kleine oder größere Gemeinschaft werden wir mit schmerzlichen Situationen konfrontiert. Auch in der Kirche und als Kirche, wie wir derzeit erleben. Nicht von ungefähr gibt es auch das gemeinschaftliche Gebet als „Schrei nach Gott":
„Im Kyrie und im Agnus Dei ruft die Gemeinschaft der Gläubigen nach dem Erbarmen Gottes, Sonntag für Sonntag, Jahr für Jahr, Jahrhundert für Jahrhundert – auch das eine ‚Landschaft aus Schreien' (Nelly Sachs). Vielleicht haben wir aber in unseren ruhig-plätschernden Gottesdiensten zu sehr vergessen, dass das gemeinsame Hilfeschreie sind" (Josef Epping).[22]
Chiara selbst hat die Zeit der kirchlichen Prüfung der Fokolar-Bewegung (des „Werks Mariens", wie es offiziell heißt) als überaus harte, als kollektiv dramatische Zeit durchlebt – und auch dies im Gebet vor Gott getragen:

Wir fürchteten, dass unser Werk aufgelöst werden könnte. Wäre das nicht ein Zeichen gewesen, dass es sich nicht um ein Werk Gottes, sondern um bloßes Menschenwerk handelte? Wieder dachten wir an Jesus, der in der Verlassenheit nur noch Mensch zu sein schien und starb, doch dann

---

22 In: Rosemarie Egger/Wolfgang Beinert, So viel Leid – und Gott? Ein Lesebuch zu existenziellen Glaubensfragen, München 2022, 122.

auferweckt wurde. Für uns war zunächst einmal wichtig, nicht im Schmerz zu verzweifeln. Wohl aber durften wir klagen – wie Jesus, dessen Schrei von manchen als Klageschrei gedeutet wird.

Mit „Klage" ist ein Text überschrieben, der kurz vor der unerwarteten kirchlichen Anerkennung entstand. Er gibt eine Vorstellung davon, wie tief eine Prüfung Gottes Menschen treffen kann … Und noch etwas wird in dem Text deutlich: die Nähe Marias, der Mutter Jesu. In den dunkelsten Stunden war sie wie ein leuchtender Stern auf unserem Weg.

> Müde sind wir, Herr,
> müde unter der Last des Kreuzes.
> Bei jedem kleinen Kreuz
> scheint es uns unmöglich,
> die größeren tragen zu können.
> Müde sind wir, Herr,
> müde unter der Last des Kreuzes.
> Tränenerstickt ist unsere Stimme,
> und bittere Tränen sind unser Trank.
> Müde sind wir, Herr,
> müde unter der Last des Kreuzes.
> Lass doch endlich die Stunde kommen,
> da wir das Ziel erreichen;
> denn hier finden wir keine Freude mehr,
> sondern nur noch verzweifelte Trauer.

Unser geliebtes Gut ist drüben,
hier aber sind wir müde,
allzu müde unter der Last des Kreuzes.
Maria ist bei uns:
Schön ist sie, aber voller Traurigkeit.
Möge sie in ihrer Einsamkeit uns beistehen
in unserer verzweifelten Einsamkeit.

Auch Schulderfahrungen, der Rückgang von Mitgliedern etc. können zu einer wirklichen inneren Anfechtung werden. Martin Buber schreibt im Blick auf solche Not: „Der Niedergang einer großen Bewegung, zumal einer großen religiösen Bewegung, scheint mir die härteste Probe zu sein, auf die der Glaube eines wahrhaft gläubigen Menschen (...) gestellt werden kann, eine viel härtere Probe als alles persönliche Schicksal; es scheint mir die größte aller Hiobsfragen zu sein, wie es geschehen kann, dass aus solcher Gottesnähe solche Gottesferne wird." Buber nennt verschiedene Weisen, damit umzugehen: das Bemühen um Umkehr, den Glauben an die verborgene Gegenwart des Herrn, eine neue Rückbesinnung aufs Wesentliche, die inständige Bitte: Gott helfe uns! – und „das Schweigen, ein lautloses Weinen, den stummen Schrei". Gerade so aber *sind wir selbst* „Gebet", wie die jüdische Tradition weiß.[23]

---

23 Vgl. Stefan Liesenfeld, Zweifel, München 2008, 138f. Die Buber-Zitate stammen aus: Martin Buber, Die Erzählungen der Chassidim. Mit einer Einleitung des Verfassers, Zürich 2003, 103-110.

Dank, Lob und Anbetung

SCHON JETZT!

Offene Augen für das, was uns geschenkt ist, und die dankbare Erinnerung an das Schöne und Gute, das uns zuteil geworden ist, sind – so Chiara – ebenfalls ein Weg, um lebendiger und beständiger mit Gott ins Gespräch zu kommen. Das Gebet kennt ja nicht nur die Gestalt der Bitte und Klage:

Im Himmel wird das Leben Lob, Dank und Anbetung des dreifaltigen Gottes sein; schon jetzt können wir uns darin einüben!

* * *

Ein Blick zurück in Dankbarkeit

Wenn ich zurückdenke, frage ich mich mit dem Staunen von damals: Wer ist dieser Gott, der mich erwählt hat? ... Gott, der König des Universums, der Herr der Unendlichkeit hat mich eines Tages angeschaut und gerufen!

Angesichts seiner Majestät komme ich mir vor wie ein Nichts, doch die Gewissheit, dass er mich erwählt hat, öffnet mein Herz und weckt in mir die Sehnsucht, hinter der strahlenden Schönheit alles Geschaffenen sein Angesicht zu finden, seine Gegenwart zu entdecken.

Danken wollen und nicht wissen wie

Wer dich aufrichtig liebt, Herr,
erfährt in der Stille seines Zimmers
oder in der Tiefe seines Herzens
oft deine Gegenwart.
Jedes Mal ist er im Innersten
neu davon angerührt.
Er dankt dir, dass du ihm so nahe bist,
dass du ihm alles bist,
der Sinn seines Lebens und Sterbens.
Er möchte dir danken – und weiß oft nicht wie.
Er weiß nur, dass du ihn liebst
und dass er dich liebt
und dass nichts auf der Welt dieser Liebe
auch nur im Entferntesten gleichkommt.
Was er erlebt, wenn du da bist, ist Himmel.
Und er sagt sich:
„Wenn das der Himmel ist – wie ist er schön!"
Er dankt dir, Herr, für sein ganzes Leben
und dafür, dass du ihn
bis zu diesem Augenblick geführt hast.
Wenn um ihn noch Schatten sind,
die das vorgezogene Paradies trüben könnten,
rückt auch das wie alles andere in weite Ferne,
sobald du dich zeigst:
All das ist nicht mehr.
Du allein bist.

Dankbarkeit

Ich liebe dich,
nicht weil ich lernte, dir dies zu sagen,
nicht weil das Herz mir diese Worte eingibt,
nicht weil der Glaube mir sagt, dass du Liebe bist,
nicht einmal nur, weil du für mich gestorben bist.

Ich liebe dich,
weil du in mein Leben kamst,
mehr als die Luft in meine Lungen,
mehr als das Blut in meine Adern.
Du hast Eingang gefunden,
wo kein anderer es vermochte,
als niemand mir helfen konnte,
jedes Mal, wenn ich untröstlich war.
Jeden Tag habe ich mit dir gesprochen,
jede Stunde auf dich geschaut;
in deinem Antlitz las ich die Antwort,
deine Worte gaben mir Klarheit,
in deiner Liebe fand ich die Lösung.

Ich liebe dich,
denn viele Jahre lebtest du mit mir
und ich lebte aus dir.
Ohne es zu merken, trank ich von deinem Gesetz.
Ich habe mich davon genährt, daran gestärkt,
mich wieder aufgerichtet;

doch ich war unwissend wie ein Kind,
das von der Mutter trinkt
und sie noch nicht zu rufen weiß
mit ihrem wunderbaren Namen.

Gib mir für die Zeit, die mir noch bleibt,
dir ein wenig dankbar zu sein für diese Liebe,
die du über mich ausgegossen hast
und die mich drängt, dir zu sagen:
Ich liebe dich.

DIE KRAFT DER ERINNERUNG

Manchmal, wenn uns die Last des Lebens bedrückt, erfasst uns eine Sehnsucht nach dem Himmel. Doch sogleich lädt uns eine innere Stimme ein, uns zu sammeln, uns allein vor den ewigen Gott zu stellen, und, von ihm getröstet, weiterzugehen … In solchen Augenblicken weiß man sich wie ein Kind bei der Mutter geborgen, da findet man wieder Kraft …

Wir versuchen, uns an Worte und Gedanken zu erinnern, aus denen wir in der Vergangenheit Kraft geschöpft haben, greifen ein Wort heraus und machen es uns zu eigen als Leitwort zumindest für den heutigen Tag.

ANBETUNG

Wer sich hinkniet
und Gott anbetet,
der in seinem Herzen gegenwärtig ist,
hat nicht den Eindruck,
sich klein zu machen
oder sich zu erniedrigen.
Vielmehr taucht er in Horizonte ein,
die weiter sind,
als er sie je bei einem Flug schauen könnte,
größer als die unermesslichen Räume
zwischen den Sternen des Alls.

Die Dimension des Geistes
übersteigt jede Grenze.
Unsere Seele taucht ein
in Abgründe der Liebe:
Wir könnten weinen,
wenn der uns berührt,
dem wir so unzulänglich dienen
und der uns doch innerlicher ist
als wir uns selbst.

Anbeten ...
Manchmal spüren wir das Verlangen danach,
wir möchten uns auf die Knie werfen,
tief das Haupt beugen
vor dem Schöpfer, vor dem Herrn.
Vor allem aber geht es um eine innere Haltung:
um das Bewusstsein,
dass wir Geschöpfe sind.

Anbeten heißt,
angesichts der Größe Gottes
ihm zu sagen:

Du bist alles,
du bist der, der du bist,
und mir wurde das ungeheure Privileg zuteil,
leben zu dürfen und dies zu erkennen.

Konkretisierungen

Formen · Zeiten · Erfahrungswerte

EIN GROSSER SCHATZ

Bei allen spezifischen Akzentsetzungen war Chiara Lubich wie gesagt tief in der spirituellen Tradition verankert. Sie lebte daraus, knüpfte an Erfahrungen anderer an, besonders von Heiligen, von Mystikerinnen und Mystikern, wobei sie immer die Bedeutung der Liebe, der gegenseitigen Liebe, der Gemeinschaft hervorhebt. In Ausführungen über das Gebet und die Beziehung zu Gott, in Vorträgen und geistlichen Impulsen hat sie traditionelle Unterscheidungen wie „mündliches und inneres Beten" und bewährte Gebetsformen und -zeiten erklärt und dazu geraten, sich diese „Schätze" zu eigen zu machen, sofern es der eigenen Tradition entspricht. Es sei gut, „treu die besonderen Gebete zu üben: das Morgen- und das Abendgebet, die Feier der Eucharistie, die Meditation ...". Auch im Allgemeinen Statut der Fokolar-Bewegung und in den Richtlinien der verschiedenen Zweige und Gruppierungen hat sich diese Verwurzelung niedergeschlagen.

In all dem geht es nie um das „Abwickeln" irgendwelcher Pflichten, sondern um den lebendigen Kontakt mit Gott – im Hinhören, im Versuch, zu verstehen, „was Jesus wohl an meiner Stelle tun würde". Das schon zitierte Augustinus-Wort „Liebe, und tu, was du willst" ist dabei Ausdruck der „Freiheit der Kinder Gottes" und Kompass zugleich. Chiara mahnte aber auch zu Vorsicht: Man könnte es sich allzu leicht machen und Gott die ihm gebührende Zeit „stehlen" – und damit sich selbst um „die kostbarste Zeit des Tages" bringen.

Die in diesem Kapitel zitierten Aussagen Chiaras zur Eucharistie, zu Maria, zum Rosenkranzgebet etc. sind unverkennbar katholisch geprägt. Da sie aber immer bemüht war, „das Eigentliche" herauszustellen, haben auch Christen anderer Konfessionen hier Impulse für sich gefunden – in einer Weise, dass etwas von jener Einheit sichtbar wird, um die Jesus den Vater gebeten hat (vgl. Johannes 17,21): eine Einheit in der Vielfalt, die immer noch auf ihre sichtbare, greifbare Gestalt wartet. Chiara selbst hat dafür intensiv gebetet, so am Sitz des Ökumenischen Rats der Kirchen in Genf (28.10.2002):

GEBET UM DIE EINHEIT DER CHRISTEN

Jesus, hier sind wir …! Wir sind zusammengekommen, um einander näher kennenzulernen, wie du es, so hoffen wir, möchtest.

Hier sind wir – vor allem, um etwas Großes von dir zu erbitten, Herr! Du hast gesagt: „Wo zwei oder drei in meinem Namen (das heißt in meiner Liebe) versammelt sind, da bin ich mitten unter ihnen" (Matthäus 18,20). Wecke in uns allen die geschwisterliche Achtung, die Bereitschaft, einander aufmerksam zuzuhören; wecke in uns die gegenseitige Liebe, die dich geistigerweise in unserer Mitte zugegen sein lässt. Denn wir wissen, Herr: „Ohne dich können wir nichts vollbringen" (vgl. Johannes 15,5). Doch wenn du unter uns bist, wird uns dein Licht erleuchten und leiten …

Du weißt um unsere verschiedenen Aufgaben und um den einen Auftrag, der uns allen gegeben ist: uns gemeinsam mit vielen anderen Christen dafür einzusetzen, dass die volle, sichtbare Gemeinschaft unter den Kirchen Wirklichkeit wird. Uns ist bewusst, dass dafür geradezu ein Wunder nötig ist. Deshalb brauchen wir dich, Jesus …

Es drängt uns, dich vor allem um Vergebung zu bitten, in unserem eigenen Namen, aber auch im Namen unserer christlichen Brüder und Schwestern aller Zeiten, um Vergebung dafür, dass wir dein ohne Naht gewebtes Gewand in so viele Teile zerrissen und es aus Gleichgültigkeit in diesem Zustand gelassen haben. Doch zugleich hoffen wir inständig auf deine Barmherzigkeit, die immer größer ist als all unsere Sünden und nicht nur vergeben, sondern auch vergessen kann. Ganz fest glauben wir an deine unermessliche Liebe, die alles Böse zum Guten zu wenden weiß für den, der an dich glaubt und dich liebt.

Das alles treibt in diesem Moment unser Herz um, Jesus. Gleichzeitig verspüren wir eine große Dankbarkeit für das, was seit fast einem Jahrhundert Christen vieler Kirchen mit deiner Gnade und vom Heiligen Geist gedrängt verwirklichen konnten: die gegenseitige Annäherung durch einen fruchtbaren Dialog der Liebe, durch intensive theologische Studien und eine allgemeine Sensibilisierung der Gläubigen für die Notwendigkeit der Einheit.

Herr, trotz der schmerzlichen Situation der noch nicht vollen Gemeinschaft spüren wir jenen christlichen Optimismus im Herzen, den deine grenzenlose Liebe uns schenkt. So nehmen wir unsere Arbeit in Angriff in der Gewissheit, dass du, der du die Welt besiegt hast [vgl. Johannes 16,33], uns auch helfen wirst, dir zu helfen, damit sich eines Tages dein Vermächtnis hier auf Erden verwirklicht und die erlangte Einheit der Welt Zeugnis geben kann von dir, dem König und Herrn der Herzen und der Völker. Amen.

Wo dieses tiefe Grundanliegen lebendig ist, das Jesu eieigenem Wunsch und seiner Bitte entspringt, entstehen Räume, in denen spezielle konfessionelle Prägungen mit Wohlwollen, ja als Bereicherung der eigenen Praxis wahrgenommen werden können – und nicht mehr trennend sein müssen.

LÄNGERFRISTIGE UND UNMITTELBARE
VORBEREITUNG DES GEBETS

Um gut beten zu können, so sagen Menschen, die darin Erfahrung haben, ist eine längerfristige und eine unmittelbare Vorbereitung notwendig.

Die *längerfristige Vorbereitung* können wir in einer inneren Losgelöstheit sehen … – vor allem in dem Losgelöstsein, das die Hinwendung zu den Brüdern und Schwestern mit sich bringt, das Leben für die anderen.

Zur *unmittelbaren Vorbereitung* gehört, dass wir eine Umgebung suchen, in der wir möglichst gut beten können. Es kann in unserem Zimmer sein, in einer Kapelle, im Garten, draußen in der Natur …

Wir achten darauf, uns zuvor nicht zu sehr zu verausgaben, um nicht völlig entkräftet und unkonzentriert vor Gott hinzutreten. Wir möchten ihm ja nicht ausgerechnet die unpassendsten Augenblicke des Tages schenken.

Dann ist es hilfreich, uns einen Moment innerlich zu sammeln: Wir sammeln uns in der Stille und nehmen eine geeignete Körperhaltung ein; Leib und Seele sind ja eng verbunden. Wir können uns knien oder setzen, falten die Hände oder nehmen eine andere Haltung ein, die unsere Ehrfurcht zeigt. Wir beten mit dem Herzen und vollziehen innerlich die Worte nach, die wir aussprechen.

Diese Vorbereitung hilft uns beim Beten; so bleibt das Gespräch mit Gott auch tagsüber lebendig.

Im Himmel wird das Leben Lob, Dank und Anbetung des dreifaltigen Gottes sein: Üben wir uns schon jetzt darin ein!

* * *

Machen wir das Kreuzzeichen bewusst, dessen würdig, den wir dabei nennen: *„Im Namen des Vaters und des Sohnes und des Heiligen Geistes"*. Ebenso die Kniebeuge, wenn sie angebracht ist. Viele, die Jesus nicht kennen, praktizieren ihre religiösen Gesten sehr gewissenhaft; wie viel mehr sollten wir es tun …

Für Chiara war die äußere Form keine Nebensächlichkeit: Die Gebete sollten auch in ihrer Form möglichst „vollendet" sein. Sie stellt einen Bezug zur Inkarnation, zum menschgewordenen Logos her, es geht ja in unserem Leben als Christen nicht nur um etwas Geistiges. Im Übrigen sollten wir nicht vergessen: Gott ist auch ein „Gott der Schönheit"![24]

---

24 Vgl. Il respiro dell'anima, 174. Chiara bezieht sich auf einen Text vom 27.3.1950.

Sich kurz sammeln:
„Die Tore der Seele schließen"

Wenn wir uns nicht innerlich sammeln,
die „Tore der Seele" nicht schließen,
kannst du, Herr, nicht aus der Mitte,
wo du wohnst, heraustreten;
du kannst nicht so mit uns zusammen sein,
wie deine Liebe es von Zeit zu Zeit wünschte.
Oft scheuen wir die kleinste Anstrengung
und lassen unsere Seele verkommen
zu einem „offenen Platz",
wo sich alles Mögliche breitmacht ...
Dann aber kannst du dich uns nicht so schenken,
wie du es doch gerne öfter würdest.
Wir sollten das Heilige nicht den Hunden geben,
hast du uns gesagt (vgl. Matthäus 7,6)!
Tausendfach würde unsere kurze Anstrengung
entlohnt durch deine Liebe!
Davon gestärkt und getragen,
hätten wir die Kraft,
in einer herbstlichen Welt
das wahre Leben zu leben.

MÜNDLICHES UND INNERES GEBET

Eine erste Art zu beten ist *das mündliche Gebet*, bei dem man vorformulierte Gebete verwendet, um mit Gott zu sprechen.

Eine zweite, tiefere Art des Betens ist das sogenannte *innere Gebet*. Es ist das spontane, liebende, häufige Gespräch mit Gott. – Teresa von Avila, die ein besonderes Charisma für das Gebet hatte, erklärte dazu, dieses Gebet bestehe nicht im vielen Denken, sondern im vielen Lieben …

Wenn wir mit anderen zusammen auf dem Weg zu Gott sind, wenn der Mitmensch, die Liebe zu ihm für uns *der* Weg ist, um zu Gott zu gelangen, dann, so scheint mir, kommt dieses liebende Gespräch mit Gott nicht erst nach einer Zeit der Einübung, sondern zumindest in gewissen Momenten von Anfang an zustande. Das ist ja unsere Erfahrung: Wenn wir Jesus den Tag über in den Schwestern und Brüdern geliebt haben, finden wir eine lebendige Beziehung zu Gott. Wir erfahren, dass er uns liebt, und so beginnt im Herzen das spontane, vertrauensvolle Gespräch mit ihm. Mit der Zeit, im Laufe der Jahre kann dieses Gespräch zum Hintergrund unseres gesamten Handelns werden, sodass alles, was wir tun, davon getragen ist. Das ist eine große Gnade, die wir gut hüten sollten!

Von Teresa von Avila (1515–1582), der spanischen Karmelitin und Mystikerin, hat Chiara manche Anregung bekommen. In einer Betrachtung schreibt sie: „Wachsen in der Liebe zu Gott, / sich versenken ins Gebet, / die Augen geschlossen, / an der Hand der großen Teresa, / der Gott die Gabe der Anbetung schenkte – / nicht allein für sie, / sondern für viele, auch für uns. / Diese große Erfahrung können wir machen" (in: Alle sollen eins sein, 229).

Schon bei Teresa finden sich Unterscheidungen wie mündliches Beten, inneres Beten, Gebet der Sammlung, der Ruhe etc.:

Mündliches Gebet greift auf vorformulierte Texte zurück; dies aber dürfe kein Ableiern oder Hersagen von Gebeten sein, so Teresa: Das „wäre schlechte Musik".

Inneres Beten ist für Teresa „nichts anderes als ein freundschaftlicher Umgang mit Gott: Oft sprechen wir im Verborgenen mit dem, von dem wir wissen, dass er uns liebt".

Das **„Gebet der Sammlung"** besteht darin, alle Seelenkräfte zu sammeln; „die Seele ... geht mit ihrem Gott in ihr Inneres ein".

Im **„Gebet der Ruhe"** ist alle Anstrengung um Sammlung überwunden; der Betende ist angekommen in einem Meer der Ruhe: „Alle Kräfte sind in Frieden" – „durch seine Gegenwart". Im **„Gebet der Vereinigung"**, der letzten Stufe, wird das Innere des Menschen mit Gott eins; der Herr kommt und geht, um dem Menschen „im Überfluss vom Quell des lebendigen Wassers zu trinken zu geben".

Auf allen Stufen, die auch ineinanderfließen können, geht es immer um die lebendige Gottesbeziehung – ohne Verkrampfung und ohne die Mitmenschen und die Liebe aus dem Blick zu verlieren: „Teresas Weg führt nicht weg von der Welt, sondern motiviert zu einem neuen Umgang mit Menschen und Dingen. Sie weiß aus eigener Erfahrung um die Wichtigkeit des Lebens mit anderen, des Geprächs und Austauschs" (Waltraud Herbstrith, Aufbruch nach innen. Auf den Spuren Teresas von Avila. Ein Lesebuch, Neuausgabe, München 2015, 7-38; Zitat S. 8).

Dieses lebendige Gespräch mit Gott bleibt lebendig, wenn wir treu die besonderen Gebete üben: das Morgen- und das Abendgebet, die Feier der Eucharistie, die Meditation usw.

* * *

Mit der Zeit können bestimmte Wörter eine tiefe Bedeutung für einen bekommen. Ein einziges Wort erfüllt die Seele – mit etwas Neuem, etwas Göttlichem. Es ist nur ein Wort, ein Name, aber wie viel schwingt darin mit! Wobei man auch merkt, dass es das nicht bei allen auslöst …

„Jesus" ist so ein Wort. „Maria" auch.

Wie hilfreich vorformulierte Gebete sein können, um gerade in schwierigen Zeiten zum inneren Beten zu finden, bezeugt Therese von Lisieux (1873–1897): „Manchmal, wenn mein Geist sich in so großer Trockenheit befindet, dass es mir unmöglich ist, einen Gedanken zu fassen, der mich mit dem lieben Gott vereint, bete ich sehr langsam ein ‚Vaterunser' und darauf ein ‚Gegrüßet seist du, Maria …': Dann entzücken mich diese Gebete, sie nähren meine Seele weit mehr, als wenn ich sie hastig hundertmal hergesagt hätte …"[25]

---

25 Selbstbiographische Schriften. Authentischer Text, Einsiedeln [18]1996, 254

STOSSGEBETE

Gebetetes Leben, gelebtes Gebet braucht, so Klaus Hemmerle, „die winzigen Augenblicke der Kontaktaufnahme, den Blickkontakt, ... das ‚Stoßgebet'. Ja, es braucht diesen Stoß durch das sich festziehende Netz der Wichtigkeiten und Nichtigkeiten, damit wir immer vom Ablauf zur Beziehung, von der Planung zur Begegnung, vom Es zum Du, von der Objektivität zum liebenden ‚Für' hinüberwechseln"[26].

Madeleine Delbrêl (1904–1964), bekannt als die „Mystikerin der Straße", sprach von der Möglichkeit der „Tiefenbohrung": Selbst im dichtesten Alltag, unter den Bedingungen unserer Gesellschaft ist es immer und überall möglich, kurz, aber intensiv Kontakt mit Gott aufzunehmen, den „Zeitstaub", die kurzen freien Momente, bewusst zu nutzen zum Gespräch mit Gott.[27]

Auch Chiara lädt dazu ein und berichtet von ihrer eigenen Erfahrung:

Um mit Gott zu reden, kann – so bestätigen auch viele Heilige, diese Experten geistlichen Lebens – eine kurze Liebeserklärung, die von Herzen kommt, genügen. Zum Beispiel:

26 Klaus Hemmerle, Dein Herz an Gottes Ohr, 111f.
27 Zum Gebet bei Madeleine Delbrêl vgl.: Madeleine Delbrêl, Deine Augen in unseren Augen. Ein Lesebuch. Hg. von Annette Schleinzer, Neuausgabe, München 2022, 73–132; Rosemarie Nürnberg, Anders beten. Impulse von Madeleine Delbrêl, München 2015.

„Mein Gott und mein Alles";
„Herr, ich liebe dich";
„Für dich, Jesus!" …

Ein wunderbares Gebet ist auch:
„Herr, mein ganzes Glück bist du allein!" (Psalm 16,2)

Wie ein zuverlässiger Kompass kann es uns neu auf unserem Weg zu Gott ausrichten … Wir setzen nicht so sehr bei der Loslösung an (von uns selbst, von Menschen, von Dingen), sondern betonen den positiven Aspekt: Wenn wir das Gute verwirklichen, wenn wir – in der Liebe zu ihm, unserem Alles – von Liebe erfüllt sind, findet das Böse keinen Raum mehr. Wir setzen mehr auf das Ja als auf das Nein.

„Herr, mein ganzes Glück bist du allein!" – Dieses Stoßgebet hilft uns, als echte Christen zu leben:

Es macht uns aufmerksamer für das, was Gott uns tagtäglich zu verstehen geben will …

Und es bereitet uns vor auf unsere große Begegnung mit ihm, wenn beim Anbruch jenes „nicht endenden Tages" unser Herz voll sein wird von Liebe zu ihm und zu unseren Schwestern und Brüdern.

„Herr, mein ganzes Glück bist du allein!" – Wie viel Weisheit, wie viel Licht, wie viel Kraft, wie viel Liebe, wie viel Vollkommenheit steckt in diesem kurzen Wort!

DIE EUCHARISTIE

Die Eucharistie ist, so das Zweite Vatikanische Konzil, „Quelle und Höhepunkt des ganzen christlichen Lebens" (*Lumen Gentium* 11). Chiara hat intensiv aus dieser Quelle gelebt, für sie war die hl. Messe mit ihren beiden Hauptteilen Wortgottesdienst und Eucharistiefeier ein zentraler Punkt im Tagesablauf. In der Wortfeier spricht Gott zu uns im Wort der Heiligen Schrift, in der Eucharistie schenkt Jesus selbst sich uns in den Gestalten von Brot und Wein. Dies ist eine ganz besondere Quelle der Verbundenheit mit ihm wie untereinander, in der kirchlichen Gemeinschaft. Umgekehrt wächst durch das alltägliche Leben mit Jesus auch die Wertschätzung dieses „Sakraments der Einheit", in dem uns der Gekreuzigt-Auferstandene im Gestus seiner größten Liebe begegnet: in seiner Lebenshingabe für uns in der Gottverlassenheit des Kreuzes. Kommunion ist Gemeinschaft, ja Einswerden mit dem gegenwärtigen, sich uns schenkenden Herrn. Sie ist unsere „Audienz" bei ihm …

Der bei Weitem wichtigste Augenblick des Tages ist der,
in dem du in unser Herz kommst.
Es ist unsere Audienz beim Allmächtigen.

Wir tragen dir zahllose Anliegen vor,
unsere eigenen und die der Menschheit,
wir danken dir für alle Gaben,
wir beten dich an und bitten dich,
deine Mutter von uns zu grüßen ... –
und es geht uns auf:
Ja, dies ist wirklich der Höhepunkt des Tages!
Zugleich wird uns bewusst,
dass wir so oft nicht begriffen haben,
vor wessen Angesicht wir standen
und was möglich gewesen wäre
in dieser Begegnung auf Du und Du
mit dir, Gott, im Innersten unseres Herzens.

* * *

Jesus, wenn du in unser Herz kommst,
wäre eigentlich der richtige Moment,
dich um so vieles zu bitten.
Aber weil du selbst in unser Herz kommst,
ist es ein Augenblick, in dem wir
nichts mehr von dir zu erbitten haben.

* * *

Die Eucharistiefeier ist für uns der Gipfel des Gebetes, die höchste Handlung des Tages, das Zentrum, in dem alles zusammenfließt.

Das Leben eines Geschöpfes erhält seinen Sinn in der Anerkennung des Schöpfers, in der richtigen Haltung vor ihm, d. h. wenn das Geschöpf seinen Gott anbetet, liebt, preist, ihm dankt, ihn um Verzeihung bittet, anruft. Aus eigener Kraft ist das schier unmöglich: Wie könnten wir ihm geben, was ihm entspricht …? Die Eucharistiefeier schenkt uns diese Möglichkeit: Durch Jesus und mit ihm können wir den Vater lieben, ihn anbeten und ehren, unsere Anliegen vor ihn tragen, ihm danken, ihn um Vergebung bitten … Und vergessen wir nicht, auf den Altar auch unser Leben zu legen, mit allem, was es ausmacht, auch die Sorgen, Mühen und Leiden; vereint mit Jesu Leben wird all das in höchstem Maße kostbar.

* * *

Jesus, du bist in der Eucharistie gegenwärtig.
Du kennst die innersten Anliegen,
die Menschen in aller Welt dir anvertrauen:
ihre verborgenen Probleme,
ihre Klagen und Nöte,
die Freude, wenn jemand wieder zu dir findet.
Das alles kennst du allein,
Herz der Menschheit und Herz der Kirche …
Wir möchten unseren Weg auf Erden
nicht beenden, ohne wenigstens ein wenig
entdeckt zu haben, wer du bist.

Voll Freude dachte ich daran,
mit welchem Herzen Jesus,
der verherrlichte Herr,
der in der Kommunion zu uns kommt,
uns liebt …
Unwillkürlich fragte ich mich,
wie ich auf diese Liebe antworten könnte,
und ich dachte:
Ein liebendes Herz
verlangt eine Antwort des Herzens.

Mit der Liebe meines Herzens
auf die seine antworten,
von Herz zu Herz:
Das sei meine Losung für heute,
für jeden Tag, solange Gott will.

Für mich bedeutet dies, möglichst leer zu sein,
offen für den Heiligen Geist.
Denn nur er in mir ist imstande,
Jesus gebührend zu lieben.
Deshalb: alles beiseitetun,
auch die schönsten und heiligsten Dinge,
um ihm Raum zu geben.
Ich darf die Dinge zwar lieben,
doch sie sind nicht Gott.

Jesus, du hast Großes mit uns vor,
du verwirklichst es durch die Jahrhunderte.
Mach uns eins mit dir,
damit wir dort sind, wo du bist.
Du kamst aus der Dreifaltigkeit auf die Erde,
um nach dem Willen des Vaters
dorthin zurückzukehren –
aber nicht allein, sondern mit uns.
Dein Weg aus der Dreifaltigkeit
hin zur Dreifaltigkeit führte
durch Geheimnisse von Leben und Tod ...
Wir können dir nur danken, Herr!

Wie gut,
dass die Eucharistie
auch Danksagung ist ...

* * *

Die Eucharistie bewirkt ein Einswerden des Gläubigen mit Gott ...

Zwischen dem, der kommuniziert, und Christus geschieht nicht ein physisches Einswerden, sondern eine mystische, geistliche Umwandlung, die freilich so real ist, dass man von einem einzigen „Leib" sprechen kann.

In der Konzilskonstitution über die Kirche heißt es, „dass die Teilhabe am Leib und Blut Christi nichts anderes wirkt, als dass wir in das übergehen, was wir empfangen" (*Lumen Gentium* 26). Das zeigt sich in der außergewöhnlichen Erfahrung von Mystikern, die gerade durch die Kommunion zu dieser umgestaltenden Einigung gelangt sind …

Durch die Eucharistie werden wir „ein anderer Christus".

Wenn wir das verstünden, sähe die Welt heute anders aus!

* * *

Wenn du leidest
und dein Leiden so groß ist,
dass es dich an jeder Tätigkeit hindert,
dann denke an die Messe.
In der Messe, damals wie heute,
arbeitet und predigt Jesus nicht:
Er opfert sich aus Liebe.

Im Leben kann man vieles tun und vieles sagen,
doch die Stimme des Schmerzes,
stumm vielleicht und von keinem beachtet,
aber aus Liebe geschenkt,
ist das eindringlichste Wort:
Es erschüttert den Himmel.

Wenn du leidest,
versenke deinen Schmerz in seinen:
Feiere deine Messe!
Wenn die Welt das nicht versteht,
soll es dich nicht verwirren.
Jesus, Maria und die Heiligen verstehen dich,
das genügt.
Lebe mit ihnen,
gib dein Blut zum Segen für die Menschheit –
wie Jesus.
Die Messe: zu groß, um verstanden zu werden!
Seine Messe, unsere Messe.

Chiara betete gern vor dem Tabernakel, vor Jesus, der dort in der Gestalt des konsekrierten Brotes präsent ist. Ursprünglich ein Aufbewahrungsort für die geweihten Hostien (für die Kommunion der Kranken und Sterbenden), wurde der Tabernakel zum Anbetungsort auch außerhalb des Gottesdienstes. „Dass Beten Schweigen ist, dass Schweigen Beten wird, das geschieht in unvergleichlicher Dichte vor dem Tabernakel", schreibt Klaus Hemmerle mit Verweis auf eine Episode im Leben des Pfarrers von Ars, der einen einfachen Bauern vor dem Tabernakel fragte, was er da die ganze Zeit tue. Die Antwort: „Ganz einfach. Er schaut mich an, und ich schaue ihn an."[28]

Es übersteigt mein Verstehen,
es ist überwältigend
und bewegt mich immer stärker
in der Tiefe des Herzens:
dein schweigendes Dasein im Tabernakel.
Komme ich morgens zur Kirche, bist du da.
Drängt mich die Liebe eilends zu dir,
bist du da.
Schau ich vorbei aus Zufall, Gewohnheit
oder Ehrfurcht: Immer bist du da.
Jedes Mal sagst du mir etwas,
bringst du Klarheit
in mein Denken und Fühlen.

---

28 Klaus Hemmerle, Dein Herz an Gottes Ohr, 50.

In immer neuen Noten
lässt du dein vertrautes Lied erklingen
und sagst mir aufs Neue ein einziges Wort:
ewige Liebe.
Mein Gott, nichts Besseres
konntest du ersinnen.
Dein Schweigen
dämpft den Lärm unseres Lebens;
in diesem Schweigen
schlägt dein Herz, das jede Träne trocknet;
dieses Schweigen
übertrifft die Harmonie des Himmels;
dieses Schweigen
sagt dem Verstand das Wort
und schenkt dem Herzen göttlichen Trost;
in diesem Schweigen
ordnen sich alle Stimmen
zu einem herrlichen Chor,
und jedes Gebet klingt verwandelt.
Deine geheimnisvolle Gegenwart ...
Dort ist das Leben,
die Erfüllung der Sehnsucht;
dort findet unser Herz Ruhe,
und wir schöpfen neue Kraft
für den Weg unseres Lebens.

Nein, die Erde blieb nicht kalt
und leer zurück;
denn du bist bei uns geblieben!
Was wäre unser Leben ohne dich?
Du hast dich einmal der Menschheit
vermählt und bist ihr treu geblieben.
Wir beten dich an, Herr,
in allen Tabernakeln der Welt.
Du bist uns ganz nah,
nicht fern wie die Sterne am Himmel,
die du uns auch geschenkt hast.
Überall können wir dir begegnen,
König der Sterne und der ganzen Schöpfung!

Danke, Herr,
für das unermessliche Geschenk
deiner Gegenwart in der Eucharistie.
Der Himmel hat seinen Reichtum
auf die Erde ausgeschüttet.
Der Sternenhimmel ist klein;
groß ist die Erde,
voll von dieser deiner Präsenz:
Gott bei uns,
Gott unter uns,
Gott für uns.

Eine einzige Wirklichkeit

Wenn dein Gebot, einander zu lieben,
unter uns,
deinen Schwestern und Brüdern,
lebendige Realität würde,
dann hätten wir nicht den Eindruck,
uns von dir zu entfernen,
sobald wir die Kirche verlassen.
Straßen und Tabernakel gingen ein
in eine einzige Wirklichkeit:
in das Reich Gottes unter den Menschen!

Herr, nähre uns jeden Tag mit deinem Leib!
Aber hilf uns auch, so offen zu sein,
dass du uns in jedem Augenblick des Lebens
nähren kannst mit deiner Gegenwart
mitten unter uns.

DIE MEDITATION

Die Meditation ist für Chiara eine besondere Weise des inneren Gebets. Der Begriff „Meditation" wird ganz verschieden gebraucht, oft bloß methodisch als Weg einer „objektlosen Verinnerlichung und Selbsterfahrung"[29]. Chiara versteht ihn im klassischen christlichen Sinn als Hilfe, ausgehend vom Lesen in der Heiligen Schrift oder von einer „geistlichen Lektüre" zum persönlichen Gespräch mit Gott zu kommen. In einer Begegnung mit muslimischen Freunden hat sie diese Meditation wie folgt erklärt:

Heutzutage spricht man, auch im nichtreligiösen Bereich, von Meditation oft im Sinne einer Technik zur Erlangung des inneren Friedens. Wir verstehen darunter etwas anderes: Für uns ist die „Meditation" eine Übung, bei der wir uns von Gott, von seinem Wort ansprechen lassen, uns mit Geist und Herz darauf einlassen, uns vor ihn stellen, um zu einer persönlichen Beziehung zu ihm zu finden – einer Beziehung, die sich in schweigendem Dasein wie auch in Worten ausdrücken kann und die vor allem Liebe ist. Dies ist unsere Meditation.

Sie braucht eine entsprechende Vorbereitung. Wenn wir uns nicht die kleine Mühe machen, uns

---

29 Vgl. Josef Sudbrack, „Meditation", in: LThK 7, 46-51.

zu sammeln, wenn wir unsere Sinne nicht zum Schweigen bringen – zum Beispiel die Augen schließen –, um *ihn* zu suchen, kann Gott nicht gefunden werden (die Mystiker sagen, dass Gott im Zentrum der Seele wohnt); dann kommt es nicht zum Gespräch mit ihm, er kann uns nicht mit seiner Gegenwart überfluten und all das Schöne schenken, das allein er zu geben vermag.

Wie aber kann man meditieren? Unsere Erfahrung ist folgende: Nachdem wir uns vor Gott gestellt haben, beginnen wir damit, in Ruhe in der Heiligen Schrift oder einem anderen Buch zu lesen, das uns hilft, unsere Spiritualität zu leben. Wenn wir in einem bestimmten Moment von einem Gedanken angezogen sind, schließen wir das Buch, sind bei *ihm*, hören ihm zu. Und wir antworten ihm, den wir lieben, beten ihn an; wir können ihm danken, ihn um alles bitten. Wenn dieses Gespräch nach einer Weile abgeschlossen scheint, können wir weiterlesen. Wichtig ist, dass die Meditation zu einem echten Gespräch mit Gott wird.

* * *

Schon 1939, Jahre vor der Entstehung der Fokolar-Bewegung, empfahl Chiara als 19-Jährige die Meditation einer Gruppe der Katholischen Aktion in ihrer Heimatstadt Trient:

Die Meditation ist eine vortreffliche Art zu beten. Sicher, sie ist eine schwierige Übung, doch wenn man sie nicht unterlässt, wird sie immer leichter … An der Meditation sollten der Verstand, der Wille und das Herz beteiligt sein. Mit dem Verstand denkt ihr über die Worte nach, die ihr lest, mit dem Willen bemüht ihr euch, entsprechende Vorsätze zu fassen, und mit dem Herzen liebt ihr, was ihr versprecht, sodass ihr es tatsächlich ausführen könnt. Denn die Liebe spornt euch an wie eine lodernde Flamme.

In diesem Impuls für Jugendliche wird deutlich, wie die Betrachtung, das Bedenken eines Textes in der Meditation zur „liebenden Kenntnis Gottes" (Johannes vom Kreuz) und zur Begegnung mit ihm führen möchte – um dann weiterzuwirken ins konkrete Leben hinein. Damit die Meditation fruchtbar wird, nehme sie, so Chiara, „gleich zu Beginn Verbindung mit dem Heiligen Geist" auf; „ich schenke ihm diese halbe Stunde". Mitgliedern ihrer Bewegung legte sie ans Herz, „den heiligen Mut" aufzubringen, Gott „die Tür zu öffnen" und „alles daranzusetzen, die Meditation zu halten", und „seien es nur zehn Minuten, vor dem Schlafengehen zum Beispiel oder am Morgen nach dem Aufstehen".[30] Dahinter steht ihre eigene Erfahrung, die sie so beschreibt:

Die Meditation ist für mich ein echter Dialog geworden, kein Selbstgespräch. Alles kann ich Jesus anvertrauen ... Ich fühle mich verstanden, meine Seele ist ganz verliebt. Es ist, als öffne man ein Fläschchen Parfum, das den ganzen Tag hindurch seinen Duft verströmt.

DER ROSENKRANZ

Das in seinen Frühformen auf das 13. Jh. zurückgehende Rosenkranzgebet dient der Betrachtung des Lebens Jesu; es ist bis heute das verbreitetste katholische Volksgebet.[31] Chiara hat diese Gebetspraxis übernommen und – im Rahmen der jeweiligen Möglichkeiten – empfohlen. Wichtig ist ihr auch hier die Verbindung von Beten und Leben:

---

30 Vgl. Beten. Gedanken und Schriften, 33f; Il respiro dell'anima, 125.
31 Vgl. Hans Schalk, Der Rosenkranz. Ein altes Gebet neu entdeckt, München ²2008.

Das christliche Leben ist nichts Aufgesetztes, sondern prägt auf wunderbare Weise unser menschliches Dasein von innen her. Christliches Leben ist volles, verwirklichtes menschliches Leben; die unterschiedlichsten, tiefsten Wünsche und Hoffnungen haben darin Platz und finden ihre Erfüllung ...

Eine mögliche Hilfe will ich nicht verschweigen, auch wenn das heutzutage manchem veraltet erscheinen mag: die tägliche Betrachtung wichtiger Momente im Leben Christi, die uns im Rosenkranz wie Perlen aufgereiht werden, die freudenreichen, [inzwischen auch die lichtreichen], die schmerzhaften und die glorreichen „Geheimnisse" seines Lebens.

Maria lädt uns zu diesem Gebet ein. Vielleicht, damit wir Tag für Tag für alles bereit sind, was – von welcher Seite auch immer – an Erfreulichem oder Schmerzlichem auf uns zukommt, bereit für alles, was der Vater in seiner Liebe für uns vorgesehen hat.

* * *

Manchmal tauchen wir beim Beten des Rosenkranzes ein in eine Atmosphäre des Himmels, vor der die ganze Welt, so schön sie auch sein mag, verblasst. – Wie wird dann erst die Begegnung mit dir sein, Maria?

„GEWISSENSERFORSCHUNG":
RÜCKBLICK VOLLER VERTRAUEN

Wenn wir die einzelnen Augenblicke unseres Tages voll und ganz leben, bekommt jede noch so kleine Handlung eine würdevolle Note.

Am Abend bleibt uns die innere Freude über diese erfüllten Momente.

Und das andere, die Unvollkommenheiten, vertrauen wir der Barmherzigkeit Gottes an. So fällt uns der abendliche Rückblick auf den zurückliegenden Tag mit allem, was gewesen ist, leichter. Und es zeigt sich, wie bedeutsam die Gewissenserforschung ist: Denn anders als bei der Bilanz am Ende unseres Lebens haben wir hier – wenn Gott uns das Leben schenkt – am nächsten Tag die Gelegenheit, neu zu beginnen, es neu zu versuchen ... Den Schmerz über das, was unvollkommen war, können wir auf diese Weise annehmen und sogar fruchtbar werden lassen.

Uns kann die Frage beschäftigen:
Wie stehe ich vor Gott?
Was trübt die Klarheit meiner Beziehung zu ihm ...?

Vielleicht ist nur dieses eine sinnvoll:
nicht um sich selbst kreisen,
nicht an sich denken,
sondern den Blick auf Gott allein richten,
auf seinen Willen,
auf Christus in den Schwestern und Brüdern;
... nicht an die eigene Heiligung denken,
sondern ihn, den Heiligen, suchen.
Denn darin besteht die Liebe,
die echte Heiligung.

ERFAHRUNGSWERTE

TREUE ZAHLT SICH AUS

Bleibt treu im Beten, bleibt treu, bleibt treu, auch wenn ihr euch in einer Zeit innerer Trockenheit befindet, wenn ihr nichts dabei empfindet ... Aber gebt nicht auf, gebt nicht auf, gebt nicht auf: Die Zeit wird kommen, in der es für euch wieder die schönsten Augenblicke sind.

(In einem Gespräch mit jungen Christen)

* * *

Gebet heißt: *sich Zeit nehmen* für das Gespräch mit Gott, die Beziehung mit ihm pflegen; ihm den ersten Platz geben und die besonderen, ihm reservierten Momente ernst nehmen.

* * *

Von Ignatius von Loyola habe ich wunderbare Dinge gelernt. Seine „Geistlichen Übungen" helfen, die Seelenkräfte zu sammeln und die richtigen Entscheidungen im Leben zu treffen. Dem gegenwärtigen Augenblick misst Ignatius große Bedeutung bei ...

Ich habe zudem gelernt, wie wichtig ein fester Zeitrahmen für das Gebet und die Meditation ist; wenn man dazu tendiert, sich weniger Zeit dafür zu nehmen, rät er, lieber einige Minuten länger zu verweilen. Wer an der Zeit fürs Gebet spart, bleibt am Ende unbefriedigt und gibt es womöglich ganz auf.

Ignatius besteht darauf, sich von der eigenen Arbeit oder Aufgabe zu lösen, wenn man zu sehr daran hängt.

Auch ich möchte nur eine einzige Liebe im Herzen haben: Gott – und um seinetwillen will ich alle Geschöpfe lieben.

Ignatius ist mir zum Freund geworden ...

* * *

Manchmal habe ich die Möglichkeit, mich an einen einsamen Ort zurückzuziehen und dort in der Stille zu beten. Diese Stille, die nicht von Telefon oder Radio, vom Straßenlärm und sonstigen Geräuschen durchbrochen wird, ist sehr beredt. Ich merke, dass Gott schweigt, wo es laut zugeht, dass er aber in der Stille spricht.

Wenn ich dann zur Besinnung ein Buch in die Hand nehme, muss ich es manchmal wieder schließen, weil er in mir ein Gespräch will ... Und ich verstehe die Einsiedler, die Kartäuser, die Trappisten ... Ich verstehe, wie reich an Gesprächen, wie erfüllt ihr Leben sein kann und in welcher Gesellschaft es sich abspielt.

Ja, ein solches Gespräch tut gut. Ich nehme es aus Gottes Hand an, um dann mit neuer Kraft meine Arbeit wiederaufzunehmen: So gestärkt, wende ich mich wieder den Menschen zu, um für sie da zu sein und die Aufgabe zu erfüllen, die Gott mir zugedacht hat. Auf diese Weise möchte ich antworten auf seine Liebe, auf das, was er mir in der Stille, in der Tiefe meines Herzens sagt. Und ich wünsche mir nichts anderes, als mich von ihm angesprochen und geliebt zu wissen. Darauf hoffe ich; er ist ja barmherzig.

NICHT DEM AKTIVISMUS VERFALLEN

„Wenn man sich nicht um einen Menschen müht, wird er einem fremd", schreibt Teresa von Avila, und sie überträgt es auf die Beziehung zu Gott. Wenn wir immer nur mit anderem beschäftigt sind, wird Gott uns fremd. Nicht von ungefähr hat Chiara regelmäßig vor der Gefahr des Aktivismus gewarnt.

Wir könnten in Gemeinschaft mit dem Allmächtigen leben und nehmen uns doch so wenig Zeit, die Beziehung zu ihm zu pflegen, oder wir verrichten die Gebete auf die Schnelle und wie eine bloße Pflicht.

Am Ende des Lebens werden wir es bedauern, dem Gebet so wenig Zeit gewidmet zu haben.

* * *

Man braucht manchmal viel Kraft, um sich von den Geschäften, von der Welt und von den Dingen zu lösen, um sich zu sammeln und sich ganz auf Gott auszurichten. Aber wenn man diesen Schritt getan hat, möchte man nicht mehr umkehren, so schön ist für die Seele die Einheit mit Gott.

Was nützt es ...

W as nützt es einem Menschen, wenn er die ganze Welt gewinnt, dabei aber sein Leben einbüßt?" (Markus 8,36).

Was nützt es, alles Mögliche zu tun, fast möchte ich sagen: der „Häresie des Aktivismus" zu verfallen, wo Gott doch von uns möchte, dass wir alle Aspekte des Lebens entfalten? Was nützt es, wenn dabei die Seele klein und unvollkommen bleibt, weil wir keine ruhige Stunde finden, sie durch das Gebet zu nähren? ... oder die Gebete inmitten aller möglichen Zerstreuungen schnell und oberflächlich dahersagen oder abkürzen?

„Was nützt es ...", dieses Wort Jesu weckt die Sehnsucht nach dem „einen Notwendigen" (vgl. Lukas 10,42): der Einheit mit Gott ...

Auch unser „Apostolat" kann im Grunde nichts anderes sein als die Ausstrahlung unserer Liebe zu Gott. Wenn aber die Liebe zu Gott abnimmt, weil es ohne Gebet keine Einheit mit Gott gibt, was können wir dann ausstrahlen? Geben wir also dem Gebet Raum, auch in unseren Monats-, Wochen- und Tagesprogrammen.

Ein guter Kompass

Ich merke immer wieder, wie schnell ich mich beim Arbeiten, beim Schreiben, beim Sprechen, bei der Erholung oder einer anderen Tätigkeit an etwas hänge: an mich selbst, an Menschen und Dinge. Dabei kann das geistliche Leben Schaden nehmen.

In einem Psalmvers heißt es: „Mein ganzes Glück bist du allein, Herr" (Psalm 16,2), nichts und niemand sonst. Dieses Gebet hilft uns, uns nicht von irdischen Dingen vereinnahmen zu lassen. Ich habe die Erfahrung gemacht, dass es bei mir eine innere Kurskorrektur bewirkt: Wie ein Kompass richtet es mich neu aus auf meinem Weg zu Gott.

Nachgefragt ...

Gerade im Familienalltag mit all seinen Herausforderungen ist es oft schwierig, Raum fürs Gebet zu finden. In Begegnungen mit Ehepaaren kam Chiara öfter darauf zu sprechen. Im Folgenden einige Fragen und ihre spontanen Antworten; der Charakter des lebendigen Gesprächs, auch die Du-Anrede, wurde bewusst beibehalten.

Frage: Die Berufung zur Ehe beinhaltet ein intensives Dasein für andere, besonders in der Familie. Wie können wir als Eheleute „drinnen leben" und in der Beziehung zu Gott wachsen?

Wenn wir sagen, dass wir für andere Menschen leben, sie lieben möchten, dann verstehen wir darunter eine Art und Weise, *auf Gott ausgerichtet* zu sein.

Ich bringe ein Beispiel. Du sitzt abends mit deinen Kindern vor dem Fernseher und ihr schaut euch irgendeine gute Sendung an. Die Kinder wollten das, und da nichts dagegen spricht, bist du wohl im Willen Gottes. Vielleicht wärst du selbst lieber gleich zu Bett gegangen, aber du spürst, dass es jetzt richtig ist, mit den Kindern fernzusehen. So „wirfst du dich raus", bist nicht auf dich fixiert, sondern auf einen anderen ausgerichtet: auf Gott, auf seinen Willen. Also lebst du in der Zuwendung zu deinen Kindern zugleich die Ausrichtung nach innen.

Umgekehrt könnte es sein, dass du dich in eine ruhige Ecke zurückziehst und, statt ins Gespräch mit Gott in deinem Innern zu kommen, an deine Probleme denkst oder dir Dinge nachgehen, die du nicht gut hinbekommen hast. Dann bist du mit dir beschäftigt, statt „in Gott zu sein".

Was bedeutet es, „drinnen zu leben"? *Wer* ist dieses „Drinnen", diese innerste Mitte? Es ist Gott, sein Wille, er selbst, der in uns wohnt. Je mehr wir auf ihn ausgerichtet sind – ob wir uns nun in der Stille sammeln oder für die Menschen da sind –, desto mehr wächst unsere Beziehung mit ihm.

Frage: Oft fällt es mir schwer, genügend Raum für das Gebet zu finden. Gewiss, auch die ständige Arbeit kann man Gott schenken, aber wie kann ich mehr Zeit für das Gespräch mit ihm finden?

Dein Wunsch zu beten ist, da du ihn offenbar nicht konkreter verwirklichen kannst, an sich bereits Gebet. Wenn du Gott außerdem all das, was du tust, schenkst, so ist dies ein ganz besonders kostbares Gebet. Denn die beste Art und Weise, ohne Unterlass zu beten, wie Jesus uns aufgetragen hat (vgl. Lukas 18,1), besteht darin, ihm eine Handlung nach der anderen zu schenken.

In deiner Situation würde ich dir empfehlen, dir anzugewöhnen, immer wieder ein Stoßgebet an Jesus zu richten, zum Beispiel: „Mein Gott und mein Alles!", oder dich an Maria und andere Heilige zu wenden. Solche Sätze dauern einen Wimpernschlag, man kann sie beim Vorbereiten des Mittagessens sagen oder beim Tischdecken ... – und sogleich setzt man seine Arbeit fort. Ich bin sicher, dass jemand wie du früher oder später auch mehr Freiräume zum ausdrücklichen Beten finden wird; denn wenn man sich etwas so sehr wünscht, findet man meistens auch einen Weg.

Frage: Der Alltag nimmt mich immer wieder gefangen – mit all seinen Zwängen und Verpflichtungen in Beruf und Familie, im gesellschaftlichen Leben ... Was kann ich tun?

Es kommt darauf an, *alles* zu heiligen. Nehmen wir an, jemand ist ein Familienvater, ein Angestellter oder Arzt, sozial engagiert ... Wie auch immer: Vergessen wir nicht, dass dies alles nicht das Erste ist. Entscheidend ist, in allen Aufgaben und Tätigkeiten den Willen Gottes zu tun; das sollten wir nie vergessen ... Wir haben Geschirr zu spülen, die Betten zu machen, zur Arbeit zu gehen usw. In all dem, Augenblick für Augenblick, können wir versuchen, ganz bei dem zu sein, was wir gerade tun. Wie gesagt: Es geht darum, *alles* zu heiligen.

Wo können wir als Laien heilig werden? Doch nur mitten in der Welt! Alles kann uns auf diesem Weg dienen: die Arbeit, die Widrigkeiten, die Menschen neben uns. Wir können kein klösterliches Leben führen oder uns in die Wüste zurückziehen ... Die Welt ist unser Platz, der Ort unserer Heiligung.

Frage: Meine drei kleinen Kinder halten mich ganz schön auf Trab. Es lässt mir keine Ruhe, dass ich kaum mehr Zeit fürs Gebet finde. Was würdest du mir empfehlen, um innerlich in Frieden zu sein?

Mach dir keine Sorgen! Versuche, den Willen Gottes zu erfüllen, und fang an zu beten, sobald du wieder eine Gelegenheit findest. Aus der Lebensbeschreibung der heiligen Teresa von Avila wissen wir, dass sie oft ihr Kloster verlassen hat, um neue Klöster zu gründen. Sie fürchtete, dass die Leute daran Anstoß nehmen könnten. Da ließ Jesus sie verstehen, dass unsere Einheit mit ihm zeit unseres irdischen Lebens darin besteht, dass wir seinen Willen tun, nicht in den Freuden der Kontemplation.

Das Ziel im Blick ...

Auch in den zuletzt zitierten Antworten zeigen sich wieder wesentliche Aspekte des „Gebets bei Chiara Lubich": die Liebe zum anderen als Weg zu Gott, allezeit beten in einem „Eingetauchtsein" in Seine Gegenwart – auch mitten im Alltag, in all den Herausforderungen unserer Zeit. Manchmal kann diese Präsenz spürbar sein, aber es gibt auch andere Phasen: Jesus in seiner Gottverlassenheit war für Chiara *der* „Schlüssel der Einheit mit Gott und unter den Menschen". Es geht um ein Leben in Seiner Gegenwart – gefühlt oder nicht, hier und heute, um ein Leben im und mit dem dreifaltigen Gott inmitten dieser Welt. In Jesu Gebet an den Vater in Johannes 17 fand Chiara ihre Berufung wieder: „Alle sollen eins sein: Wie du, Vater, in mir bist und ich in dir bin ..."

„Ich bitte nicht, dass du sie aus der Welt nimmst,
sondern dass du sie vor dem Bösen bewahrst.
Sie sind nicht von der Welt,
wie auch ich nicht von der Welt bin.
Heilige sie in der Wahrheit; dein Wort ist Wahrheit.
Wie du mich in die Welt gesandt hast,
so habe auch ich sie in die Welt gesandt.
Und ich heilige mich für sie,
damit auch sie in der Wahrheit geheiligt sind.

Ich bitte nicht nur für diese hier,
sondern auch für alle,
die durch ihr Wort an mich glauben.
Alle sollen eins sein:
Wie du, Vater, in mir bist und ich in dir bin,
sollen auch sie in uns sein,
damit die Welt glaubt, dass du mich gesandt hast.
Und ich habe ihnen die Herrlichkeit gegeben,
die du mir gegeben hast,
damit sie eins sind, wie wir eins sind,
ich in ihnen und du in mir.
So sollen sie vollendet sein in der Einheit,
damit die Welt erkennt, dass du mich gesandt hast
und sie ebenso geliebt hast, wie du mich geliebt hast.
Vater, ich will, dass alle, die du mir gegeben hast,
dort bei mir sind, wo ich bin.
Sie sollen meine Herrlichkeit sehen,
die du mir gegeben hast,
weil du mich schon geliebt hast
vor Grundlegung der Welt.
Gerechter Vater, die Welt hat dich nicht erkannt,
ich aber habe dich erkannt
und sie haben erkannt, dass du mich gesandt hast.
Ich habe ihnen deinen Namen kundgetan
und werde ihn kundtun,
damit die Liebe, mit der du mich geliebt hast,
in ihnen ist und ich in ihnen bin."

(Johannes 17,15-25)

Christus will uns den Himmel schenken; wo er ist, sollen auch wir sein. Er möchte uns seine ewige Herrlichkeit schauen lassen.

Er ruft den Vater an, erinnert ihn an seine Gerechtigkeit, und so bittet er für uns um die gleiche Liebe, mit der ihn der Vater liebt.

Ein abgrundtiefes Geheimnis. In den Abschiedsreden offenbart Jesus seine Göttlichkeit deutlicher als je zuvor. Es scheint ganz und gar ein innergöttliches Gespräch zu sein. Doch zugleich spürt man das Herz des Freundes, des Bruders, des Lehrers, des Vaters, der den Seinen *alles* gibt, was er geben kann: Teilhabe an seinem Gottsein.

* * *

Der Sohn Gottes ist Mensch geworden, um uns in seine Beziehung zum Vater mit hineinzunehmen. Durch seinen Tod am Kreuz hat er uns erlöst und zu seinen Brüdern und Schwestern gemacht; durch die Gabe des Heiligen Geistes hat er uns in das Innerste der Dreifaltigkeit hineingenommen. So dürfen auch wir uns mit den Worten des Sohnes an Gott wenden: „Abba, lieber Vater" (vgl. Markus 14,36; Römer 8,15).

Darin ist alles enthalten: das blinde Vertrauen auf seine Liebe und schützende Hand, die Hoffnung auf seinen Trost und seine Kraft, die brennende Liebe zu dem, von dem man sich geliebt weiß ... „Abba, lieber Vater", das ist ein einzigartiges Gebet: Es lässt uns eintreten in das Herz Gottes.

* * *

Freude, Schmerz,
Hoffnung, verwirklichte Träume.
Reife des Lebens, Reife des Denkens.
Standfestigkeit.
Pflichtbewusstsein
und Anruf der Liebe von oben,
unser Leben: Antwort darauf.
Mühsal.
Feuer und Eroberungen.
Gewitter.
Vertrauen auf Gott:
Gott allein.
Aufwärts.
Abwärts.
Regenstürme,
tiefe Wurzeln.
Früchte, Früchte, Früchte ...
Dunkle Schleier:
„Gott, mein Gott ..."
Dann zarte, himmlische Musik,
zuerst fern, dann ganz nah ...

Lang ist das Leben,
vielgestaltig der Weg,
nah das Ziel.
Alles, wirklich alles
hat und hatte
immer ein einziges Ziel:
die Vereinigung mit dir.

Quellen

Einige der zitierten Texte wurden für die vorliegende Ausgabe vom Herausgeber bearbeitet bzw. neu übersetzt.

S. 17: C. Lubich, Alle sollen eins sein. Geistliche Schriften, München [2]1999.

20: Zit. in: M. Cerini, Dio Amore nell'esperienza e nel pensiero di Chiara Lubich, Rom 1991, 16.

20f: C. Lubich, Cercando le cose di lassù, Rom [2]1992, 15.

21: Alle sollen eins sein, 219; 52.

22: Ebd., 54. – Erst in der Nacht sieht man die Sterne, München [2]2000, 49ff.

24: C. Lubich, Der Wille Gottes, München [3]1990, 7f.

25: C. Lubich, Für eine geeinte Welt, München 1990, 63.

26f: Neue Stadt. Monatsmagazin, hrsg. von der Fokolar-Bewegung (Friedberg-Augsburg), Nr. 10/2002, 20 – C. Lubich, Alles besiegt die Liebe, München 1998, 13.

27-30: Aus einem Vortrag, Malta, 25.2.1999 (zit. in: Il respiro dell'anima, hg. von Fabio Ciardi, Rom 2022, 146-149).

31: Cercando le cose di lassù, 131 – Alles besiegt die Liebe, 77.

31f: C. Lubich, Die große Sehnsucht unserer Zeit, München [2]2011.

32f: Aus einem Vortrag, Castelgandolfo, 25.10.1999 (zit. in: Il respiro dell'anima, 35f).

33: Aus einem Vortrag, Malta, 25.2.1999, a. a. O.

34f: Cercando le cose di lassù, 27. – Alles besiegt die Liebe, 210f.

36f: Alles besiegt die Liebe, 17f – Alle sollen eins sein, 262.

38: C. Lubich, Detti Gen, Rom [6]2001, 46.

39f: Aus einer Konferenzschaltung vom 3.10.1985.

41: C. Lubich, Diario 1964/65, Rom 1965, 139f.

42: Alles besiegt die Liebe, 197 – zit. in: M. Cerini, Dio Amore, 16.

47: Cercando le cose di lassù, 150.

48: Der Wille Gottes, 25f.

49f: C. Lubich, Gemeinsam unterwegs. Impulse 1981–1983, Friedberg 1995, 68f.

50f: Der Wille Gottes, 50f – C. Lubich, Vom Geschenk des gegenwärtigen Augenblicks, München 2005, 73.

52f: Vom Geschenk des gegenwärtigen Augenblicks, 43 – Aus einer Konferenzschaltung vom 22.1.1998 – Santità di popolo, Rom 2001, 22f.

54: C. Lubich, Costruendo il castello esteriore, Rom 2002, 41-43.

55f: Ebd. 45f – Alles besiegt die Liebe, 9f.

57f: Alle sollen eins sein, 46 – Aus einer Konferenzschaltung vom 23.2.1989.

58–60: Bei einer Begegnung in Castelgandolfo, 25.2.1989.

61: Vom Geschenk des gegenwärtigen Augenblicks, 28.

62f: Alle sollen eins sein, 250 – Cercando le cose di lassù, 149f – Alle sollen eins sein, 91 – Cercando le cose di lassù, 131f.

67: Alle sollen eins sein, 223.

71: C. Lubich, La dottrina spirituale, Rom 2006: 104 – C. Lubich, In unità verso il Padre, Rom 2004.74-76.

72: Zit. in: M. Cerini, Dio Amore, 66.

72–74: Aus einer Konferenzschaltung vom 27.12.2001.

74f: Alle sollen eins sein, 141; 217f.

76: Santità di popolo, 79f.

77: C. Lubich, Maria. Mutter – Schwester – Vorbild, München, Neuausgabe 2010, 30f.

78: Alle sollen eins sein, 220.

79: Beten. Gedanken aus Schriften und Vorträgen von Chiara Lubich, Friedberg 1991, 28f – Alle sollen eins sein, 217.

80: Alle sollen eins sein, 225; 221.

81: Die große Sehnsucht unserer Zeit, 208.

82: Alles besiegt die Liebe, 181.

82–84: Alle sollen eins sein, 75f.

85: Cercando le cose di lassù, 140-144 – Santità di popolo, 83f.

86: Alle sollen eins sein, 94f; 127.

87: Ebd., 17.

89: Ebd. 72 – Neue Stadt 7-8/2003, 12.

90f: Chiara Lubich, Licht, das weiter leuchtet, München 2007, 35 – Alles besiegt die Liebe, 72f – Aus einer Konferenzschaltung vom 16.2.1984.

92f: Zit. nach: J. Povilus, Jesus in der Mitte. Jesu Gegenwart unter den Menschen in der Fokolar-Spiritualität, (Neue Stadt) München ²1990,18 – Santità di popolo, 65f.

96f: Aus einem Vortrag, Rocca di Papa, 7.12.1975.

101f: Aus einer Konferenzschaltung vom 16.2.1984 – Alles besiegt die Liebe, 27.

103; Alles besiegt die Liebe, 209.

105: Nuova Umanità. Rivista bimestrale di cultura XXX:Nr. 176 (2008/2), 161-163.

109: Alle sollen eins sein, 30; 227.

110: Erst in der Nacht sieht man die Sterne, 49ff.

111: C. Lubich, Der verlassene Jesus. Meditationsimpulse über das Geheimnis der größten Liebe, München 2016, 26; 18.

112f: Alles besiegt die Liebe, 59 – Der verlassene Jesus, 34.

113f: Erst in der Nacht sieht man die Sterne, 55-57.

114f: Der verlassene Jesus, 28f.

115f: Ebd., 27; 32.

117: Ebd., 37.

118f: Die große Sehnsucht unserer Zeit, 88 – Alle sollen eins sein, 153 – Alles besiegt die Liebe, 135f.

120–122: Chiara Lubich, Der Schrei der Gottverlassenheit. Der gekreuzigte und verlassene Jesus in Geschichte und Erfahrung der Fokolar-Bewegung, München 2001, 70f.

124: Aus einer Konferenzschaltung vom 1.8.1985 – Cercando le cose di lassù, 111.

125: Alle sollen eins sein, 225.

126f: Ebd., 147f (ein Dankgebet nach der Kommunion) – Alles besiegt die Liebe, 69.

128: Alle sollen eins sein, 221f.

129: Alles besiegt die Liebe, 16.

133–135: C. Lubich, Wo Einheit wächst. Spirituelle Impulse für die Ökumene. Mit einer Einführung von Walter Kasper, München 2017, 45-47.

136f: Beten, 25-27 – Gemeinsam unterwegs, 57.

138: Alle sollen eins sein, 226.

139/141: Aus einer Konferenzschaltung vom 1.8.1985 – Alle sollen eins sein, 227.

142f: Aus einer Konferenzschaltung vom 21.2.2002.

144f: Alle sollen eins sein, 121; 119.

145f: Aus einer Konferenzschaltung vom 11.2.1988 – C. Lubich, In Brot und Wein. Die Eucharistie – Sakrament der Gemeinschaft, München [5]1989, 11.

147: Alles besiegt die Liebe, 80.

148f: C. Lubich, In Brot und Wein. Die Eucharistie – Sakrament der Gemeinschaft, München [5]1989, 24 – In Brot und Wein, 46-48.

149f: Alle sollen eins sein, 30.

151f: Ebd., 51.

153: Ebd., 279.

154: Ebd., 124.

155f: Bei einer Begegnung mit muslimischen Freunden, Castelgandolfo, 25.10.1999, zit. in: Il respiro dell'anima, 79.

157: Beten, 31.

158: Ebd., 39.

159: Alles besiegt die Liebe, 97 – Alle sollen eins sein, 120.

160: Alles besiegt die Liebe, 95.

161: Ebd., 81.

162f: In einem Gespräch mit jungen Christen, Rocca di Papa, 20.6.1978 – Alles besiegt die Liebe, 49 – Cristo dispiegato nei secoli, Rom [2]1994.

163f: Alles besiegt die Liebe, 103.

165: Alle sollen eins sein, 270; 219.

166: Beten, 29f.

167: Città Nuova. Quindicinale del Movimento dei focolari, 19/2002, 7.

168–171: C. Lubich, Damit die Liebe lebendig bleibt. Im Gespräch über die Familie, Friedberg 2008, 26; 28; 66f; 89f.

175f: Alles besiegt die Liebe, 52 – Die große Sehnsucht unserer Zeit, 24.

176f: Alles besiegt die Liebe, 184f.

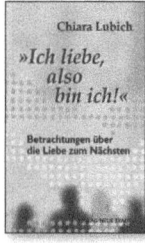